SDGsブランディングの教科書

本気で社会課題解決と
利益を両立させる実践法

三科公孝

JAPAN BUSINESS PUBLISHING

SDGsブランディングの教科書

本気で社会課題解決と
利益を両立させる実践法

SDGs17の目標

1 貧困をなくそう
2 飢餓をゼロに
3 すべての人に健康と福祉を
4 質の高い教育をみんなに
5 ジェンダー平等を実現しよう
6 安全な水とトイレを世界中に
7 エネルギーをみんなにそしてクリーンに
8 働きがいも経済成長も
9 産業と技術革新の基盤をつくろう
10 人や国の不平等をなくそう
11 住み続けられるまちづくりを
12 つくる責任つかう責任
13 気候変動に具体的な対策を
14 海の豊かさを守ろう
15 陸の豊かさも守ろう
16 平和と公正をすべての人に
17 パートナーシップで目標を達成しよう
SUSTAINABLE
DEVELOPMENT
GOALS

はじめに　～新たな企業経営のフェーズ「経営5・0」へ移行せよ

あなたは「SDGs」という言葉を聞いたことがありますか？

　これは朝日新聞が独自に行った「ＳＤＧｓ認知度調査」の質問項目の一つです。東京都と神奈川県の一般個人を対象にした調査で、２０１７年７月に第一回がスタートしました。それから２０２０年12月に行われた第七回（全国都道府県が対象）が最新の調査になっています（２０２１年５月現在）。

　結果を見てみると、第一回は「聞いたことがある」が12・２％、「聞いたことがない」が87・８％という結果でしたが、推移を見てみると、回を重ねるごとに、わずかではありますが確実に「聞いたことがある」が増えていっています。最新の第七回（全国）のデータでは「聞いたことがある」が45・６％と、半分に迫る結果となりました（出典 朝日新聞社「２０３０ ＳＤＧｓで変える」）。

最近で印象深いところでは、レジ袋が有料になるなど、環境関連のニュースが目立つようになりました。その中で「ＳＤＧｓ」がセットで語られることも多くあるので、耳にしたことがあるという人も増えている、ということなのでしょう。

しかしいくら認知度が上がっても、まだ「自分には程遠い話だ」と思っている人も少なくはないようです。地球環境と聞けば、途端にスケールが大きくなってしまうため、イメージがつきにくくなり自分ごととして捉えるのも難しくなります。

しかし実はそうではありません。

多くの企業、しかも日本を支える中小企業にとって、ＳＤＧｓこそがビジネスを加速させる絶好のチャンスなのです。それを知っていただきたく、本書執筆を決意しました。

私自身のことについて、簡単に紹介させてください。私は長年、経営コンサルタントとして数多くの中小企業の経営支援に携わってきました。

経営コンサルタントと一言でいっても、さまざまな人種がいて、それと同じ数以上のノウハウがあります。私自身の理念やノウハウは本文でも触れていきますが、ここではまず、私がコンサルティングに入るときの原則をお伝えします。それは「コンサルタントは黒子に徹し、クライアントがスターになること」です。あくまでも主役はクライアントであり、私は主役の活躍の補助、支援をしているに過ぎません。そのため、本書でも私がコンサルティングとして携わることを「経営支援」と表現しています。

そのように、数多くの経営支援を通して、気づいたことがあります。それは「あらゆる企業は、自社独自のブランディングを行っていかなければならない」ということです。このこと自体はこれまでも散々言われてきたことなので、別段の目新しさはありません。しかし大切なのはこれからです。

そもそもブランディングとはいったい何でしょうか。この問いに対して、言葉が持つ意味を答えられる人はいるかもしれません。しかし、具体的にどのようにやるのか、どのような結果が待ち受けているのか、そもそもブランドとは何を指すのか、その正体とは……？　こうした問いに答えられる人は、案外少ないのではないでしょうか。

ブランディングとは「世界観」とも言い換えられますが、いわば企業やサービスのイメージです。では企業や団体のイメージはどのように形成されるのでしょうか。

結論を言うと、買い手のニーズに貢献するポイントのことであり、同時にその企業の姿勢のことを言います。これからの時代は、ここが厳しく見られるようになっていきます。

おしゃれな商品やセンセーショナルなサービスを作れば売れるという時代ではありません。運よく売れたとしても、それは打ち上げ花火のように一時のもの。長続きさせるには多大な体力が必要になります。

また、ブランディングとは対外発信を強めることでもありません。

「あらゆる企業は、自社独自のブランディングを行っていかなければならない」という言葉は、「企業が生き残っていくために自社をブランド化する必要があり、そのためには、経営の在り方を新たなフェーズに切り替えていかなければならない」ということを意味します。

その新たなフェーズとして、私は「経営5・0」を提唱しています。それについて説明をしていきましょう。

これからの時代に求められる経営者の意識

まず「自分（売り手）の豊かさ」を重視した経営を1・0とします。驚くことに、現代においてもこの考えのままで進化を止めた企業は存在します。しかし買い手も気づかないわけはなく、そんな企業は長続きしないというのが実際のところです。

その次に「お客様の豊かさ」も考える経営を2・0とします。このフェーズでは「顧客満足度（CS、カスタマーサティスファクション）」という言葉が飛び交うようになります。

次に「世間（地域社会や業界）の豊かさ」を考える経営が3・0です。いわゆる「三方よし」のことです。近江商人の経営哲学として始まり、現在も多くの企業がこれを掲げているので、耳にしたことや口にしたことがあるかもしれません。ほとんどの企業がここを目指しています。

しかし、さらにその次があります。それは「従業員の豊かさ」まで包含する、「四方《しほう》よし」の4・0です。

近年、「従業員満足度（ES、エンプロイーサティスファクション）」を重視する会社ほど伸びると言われています。「働き方改革」に端を発するように、会社の外だけではなく内側にも目を向けよう、という考えが強まっています。

すでに意識して取り組みを始めている企業や自治体も見られますが、残念ながらまだ全ての企業が十分なレベルに到達したとは言えません。

そして、私が提唱する経営フェーズはさらにその次です。

4・0に加えて「社会全体・地球全体の豊かさ」を意識すること、これが「経営5・0」です。先述したように「地球全体」となると話題のスケールが大きく、自分事には思えないという人もいるでしょう。しかし、目線を変えてみれば少しずつわかってきます。

新聞では連日、「脱炭素」や「CO_2削減」といった言葉が飛び交い、自然破壊に関連するニュースが報じられています。世界レベルで、自然環境を守る取り組みが活発化しています。要約すると「未来へ、子供たちへ、世界を残そう」という考えのもと、SDGsは提唱されました。

この考えを事業に取り入れるだけで、経営は少しずつでも確実に好転していくと断言します。それが経営5・0のフェーズに向かうための方法であり、これからの時代で事業を伸ばしていくために必要不可欠なことなのです。

その考えを1人でも多くの方に知ってもらいたいと思い、２０２０年10月に『儲かるＳＤＧｓ　危機を乗り越えるための経営戦略』（クロスメディア・パブリッシング刊行）を執筆いたしました。中小企業や自治体がコロナ禍をはじめとした経済危機を乗り越えるための方法として、ＳＤＧｓの概念を経営に取り込もう、という私の考えをまとめた作品です。

そして本書では、企業や自治体がさらに長期的な発展をするためのブランド戦略について、解説していきます。そのために欠かせない考えや具体的な実践方法について、私の体験や実践をもとに展開していきます。

本書の章ごとの、要点を簡単に解説いたします。

◇序章では、「商品やサービスがいかにしてブランド化していくのか」、その道筋を解説いたします。労働と技術革新とブランディングの三つが本章の大きなテーマです。

一見、あまり関わりが薄いようにも思える三つの要素ですが、歴史を振り返ってみると、非常に密接な関わりがあることが見て取れます。

本章は総論的な内容になり、「ＳＤＧｓ」の話題もほとんど出てきません。しかし本書で提唱する「ＳＤＧｓ×ブランディング」を実践するための核となる考えを述べました。ブランドの本質に迫る内容になっています。

◇第一章では、経営者が知っておくべき、ブランディングとマーケティングの実情について解説をしています。私がこれまでのキャリアを通して、体験して得た気づきがベースとなっているため、本書でしか語れない内容になっています。
この章を読んでいただければ、「なぜ」そして「今」、この「ＳＤＧｓ×ブランディング」というテーマについて知っておく必要があるのか、そのことを理解していただけるはずです。

◇第二章では、ブランディングと日本人の関わりについて解説をしています。
日本人がなぜブランディングを苦手としてきたのか。ブランディングを失敗してしまう時の原因は何なのか。掘り下げて解説いたします。

◇第三章では、私がコンサルタントとして長年携わってきた中小企業の、その独自の取り組みと成果について紹介しています。規模や業態は違っても、自社の事業をＳＤＧｓと結び付けるための考え方は転用できる部分が多くあるはずです。

◇続く第四章においても、携わった事例を紹介しています。ここでは主に自治体や関連団体の事例を中心に挙げています。

◇第五章では、ブランディングの成功の要因を振り返り、まとめています。

◇終章は、本書の結論にかかっています。

ＳＤＧｓと企業ブランディングは親和性が高い

冒頭で引用した朝日新聞の調査の他、電通が２０２１年に実施した調査である「ＳＤ

Gsに関する生活者調査」その第四回（2021年）の結果も、大変興味深いものでした。本調査では朝日新聞と同様に認知率や認知経路を調べていますが、中でも目を引いたのが、企業のSDGs活動に対して「活動を知るとその企業のイメージがよくなる」と答えた人が74・9％という結果です。これはかなり多くの人が、SDGsに対して好意や期待を抱いているということの裏付けであると言えます。SDGsと企業ブランディングの親和性が高いことの表れでしょう（出典　電通「SDGsに関する生活者調査」）。
そしてSDGsとは、大企業だけの特権ではありません。むしろ、中小企業だからこそきめ細かにできることがあります。

SDGsブランディングといっても、なにも大きなことを始めなくてもいい。これまでやってきた事業に、そのエッセンスを少し加えるだけでいいのです。それだけで企業の経営は、利益は、ガラッと変わっていきます。

本書が、あなたの経営の手助けになることを願って。

2021年10月

目次

序章：現代の産業革命

本章では一旦SDGsから離れて、一般的な商品やサービスが、いかにしてブランド化していくのか、その道筋について、歴史を辿りながら解説していきます。

1 技術進歩と労働の変遷

馬車から車への飛躍

18～19世紀にイギリスで起こった変化、変革があります。産業革命です。蒸気機関が発明されたことで、織物業をはじめとする多くの産業において、生産過程が変化しました。それに伴い生活や移動、そして人々の意識といった社会構造を変化させた出来事でした。歴史的にも技術革新で、人類史における大きな転換点として語られています。

技術革新の歴史について語られる時に用いられるエピソードとしてもう一つ、20世紀初頭のアメリカ、ニューヨーク5番街の話があります。１９００年と１９１３年の、当時のまちの様子を写したある２枚の写真を用い、それぞれの違いを比較するというものです。

１９００年の写真（写真①）は多くの馬車が道を走っているのがわかり、もう一方の１９１３年の写真（写真②）は、ところ狭しと大量の自動車が通りを走っています。そしてその背景として、１９０８年に「T型フォード」と呼ばれる自動車が、フォード・モーターによって大量生産されたことがあるというものです。

これはたった13年で景色がガラッと変わってしまった事実を示すエピソードとして、よく用いられます。全て技術（テクノロジー）の進歩により起こった変化で、ものすごいスピードでテクノロジーを進化させてきた人類の叡智は、称賛されるべきものだと思っています。しかし本書では、少し別な観点から見ていきます。それは、あらゆるテクノロジーが刷新される時、常に雇用の変化もセットで起こってきた、という点です。

そしてこの点こそが、現代を生きる私たちが一番知っておかなければならないことです。なぜなら、人類の歴史上、現代ほど変化が激しい時代はこれまでなかったのですから。

「AIは人間の仕事を奪うか」の答え

2018年から2019年にかけて、「AIが人間の仕事を奪う」という旨の、センセーショナルな主張が声高に語られていました。

Twitterをはじめとしたあらゆる SNSでは、識者や発言力のある事業家たちが喧々囂々。刺激的な議論は多くのニュースメディアでも話題の中心になり、多くの人を巻き込みました。巷では関連する書籍も多く見かけるようになり、関心はなくとも目にしたことがあるのではないでしょうか。とにかく突然「仕事がなくなるかもしれない」という可能性を突きつけられ、将来に不安を覚えた人も少なからずいたことでしょう。

最近では以前ほど大きな声で語られなくなってきた印象があります。

写真①

"Fifth Avenue in New York City on Easter Sunday in 1900"
By an unknown photographer, 1900
National Archives and Records Administration, Records of the Bureau of Public Roads
(30-N-18827) [VENDOR # 11]

「仕事が奪われる！」といった危機感を煽られるような見出しは注目を浴びやすく、あらゆる数字につながりやすいという特徴がありますが、それだけに見る人を疲れさせてしまいます。

しかし「ＡＩが人間の仕事を奪うか否か」について考えること自体は、人と労働の関係性を考える意味でもとても重要です。あえて今それを問うならば、ある側面では正しく、ある側面では正しくないというのが、私の考えです。

写真②

Ave 5 NY 2 fl.bus.jpg From Wikimedia Commons, the free media repository

現代は産業革命のさなか

話は戻って20世紀初頭のニューヨーク5番街。

先述した「馬車から自動車へ」の時代においても、自動車の登場によって馬車のニーズが次第に減っていき、まちに失業者が溢れることが懸念されていたようです。確かに自分が馬車の運転手をしている身であったなら、心中穏やかではいられません。これまで長年培ってきた馬を上手に乗りこなす技術が、ある日突然「もう必要ない」と突き付けられるわけですから。

ところが実際に自動車が普及してくると、失業者で溢れるような事態にはなりませんでした。それどころかまちはより一層活気に満ち、人口も増えたという見方もあります。その理由はシンプルで、自動車を大量生産するために、そこに関連するあらゆる産業が活発になり、新たな雇用を生み出したからなのです。その新たな産業の拡大が、衰退していく「馬車産業」からあぶれるはずだった人たちを吸収していったということなのでした。

これと同じことが、今の時代においても言えます。

現代社会は、人類史上でも類を見ないくらい早いスピードで変化していっています。リアルタイムで日夜新しい産業が生まれ、それと同じ数だけ古い産業が消えていき、あらゆるところで毎日ゲームチェンジが起こっています。

昨日まで存在しなかったサービスが突然現れ、覇権を握る。そして明日にはさらに便利なものに生まれ変わっている。そうした新たなムーブメントが、新たな産業が、新たな技術が、新たな雇用を生み出していく。それが現代の産業革命です。私たちはまさに、その革命に立ち会っているのです。

2 「はたらく」とは、何か

変わりゆく「幸せの尺度」

誤解を恐れずに言えば、これまでの時代の仕事は属人的で、「すべての仕事は人間がするもの」という無言のルールがあったように思います。「人の手でやった方が温かみがある」という考えは古い価値観としてよく槍玉に挙げられますが、実際にそうした言葉がよく飛び交っていました。

しかし時代は進み、一言で「仕事」といっても、その中には人がするのに適した仕事と、機械がするのに適した仕事があることがわかってきました。そして後になって考えてみると、これまでは機械でもできる仕事を人間がしてきた時代だった、と言えるのかもしれません。今まで通りの全ての仕事を人間がやり続けていくことは、果たして人間にとって幸せと言えるのでしょうか。

ニューヨーク5番街の「馬車から自動車へ」と変わっていった時代がまさにそのことを象徴しています。当時の人たちも、心のどこかで同じことを思っていたのではないかと思います。機械にできる仕事を人間がするということは、人間の機械化であり、それはある面では人間性の喪失であるとも言えます。

そのことを描いたのがチャップリンの代表作『モダン・タイムス』でした。ベースは喜劇ですが、機械に取り込まれていく人間の様子を描いた本作には、風刺がきいています。チャップリンが歯車に巻き込まれるシーンはシュールであり、同時にとても印象的です。当時の人たちがこの作品に熱狂していたという事実は、今もなお考えさせられるものがあります。

人間が人間にしかできない仕事をすることは、果たして不安なことなのか？

それとも幸せなことなのか？

一度、じっくりと考えてみる必要があります。

その仕事は「サービス」か「作業」か？

これは私自身がよく口にすることなのですが、仕事は「サービス」と「作業」に分けることができます。

現代は企業の収益向上・効率化のために、リアルタイムで「作業」的な仕事は軽減するか、もしくは無人化（機械化）が進んでいます。かつて話題の中心になった「ＡＩに奪われる」のは、主として「作業」的な仕事です。駅の改札の無人化を例にするとわかりやすいかもしれません。

今の若い経営者の中には、かつて改札には人が立っていて、乗車券を切っていたということを知らない人もいるようです。

一方の「サービス」はどうでしょうか。ここでいうサービスとは、相手に喜んでもらおう、満足してもらおうという、ホスピタリティの精神とともに提供されるものです。

一概には言えませんが、例えば安売り志向の企業を見てみると、サービスは必要最低限にとどめられています。しかし、高単価志向のハイブランド・ラグジュアリーブランド企業はサービスを重視しています。

最近では株価予想をするＡＩが出てくるなど、人工知能がカバーする領域がじわじわと広がってきています。単純作業だけがＡＩに取って代わられているわけではありません。だから、ＡＩに取って代わられない領域を人間が開発していくことで、人間の能力がより磨かれていくのではないでしょうか。そしてそれがさらなる人間力の向上のトリガーになると、私は考えています。

新時代のヒット商品

「時代が変わる」といっても、何をもって時代が変わるというのでしょうか。定義はそれぞれあるでしょうが、私は、人の生活スタイルの変化こそが時代の変化だと考えています。

自動車が登場して馬車が減っていったように、携帯電話が登場して電話ボックスや据え置きの電話機が姿を消していったように、スマートフォンが普及してテレビの出荷台数が減ったように、時代の流れと生活スタイルの変化はセットであり、そして生活スタイルが変われば必要とされるモノやサービスも変わっていきます。

そしてそこに新時代のヒット商品を生み出すためのヒントが隠れています。

これは、歴史を見ても明らかなことです。どういうことか、誰もが知っているであろうハイブランドを例に、解説いたします。

馬車から自動車へ変わっていった時代、車社会になるとともに女性の社会進出が一気に進みました。女性の社会進出が進んだことに伴って、女性が場所から場所へ（家から仕事場へ）移動する機会が増えてきました。そこには従来までの生活スタイルと変わったことが多くありました。その中の一つがハンドバッグです。

それまでのハンドバッグは口には何もついていない、口が開きっぱなしの、いわばトートバッグのような形状のものが主流で、女性が移動するさなか、バッグに入れているものが落ちてしまう、散乱してしまうといったことが頻繁にあったようです。

そこに目をつけたのが、今やハイブランド中のハイブランドであるエルメスでした。

その3代目となるエミール＝モーリス・エルメスは、女性たちが持ち歩くハンドバッグの口にファスナーをつけたのです。

なぜそれが画期的だったのでしょうか。当時、ファスナーは世間一般にはほとんど普及していなかったことがポイントです。というのも、ファスナーの権利を持っていたのはなんと米軍で、彼（エミール＝モーリス・エルメス）は女性用バッグに取り付けるために米軍へと掛け合い、ハンドバッグに使用する権利を得たというのです（諸説あります）。

それが、かの名作「ボリード」の誕生でした。

ほぼ同じ時期に、今度はシャネルがスカートにファスナーを使用する権利を得ました。エルメス、シャネルともに、働く女性たちから熱烈に迎え入れられ、現代に通ずるハイブランドへと成長していったのです。

このストーリーから私が得た気づきとは、ブランディングとは「貢献点」であるということです。エルメスのエピソードの要点をまとめると、誰かの不便に気づき、解消することで認知を得て、そして支持されるといった流れがみられます。これこそが、企業が提供する商品やサービスがブランドとなる道のりです。

これは何もハイブランドに限った話ではなく、あらゆる領域のビジネスでも大切な考え方なのです。

そろそろこの章のまとめにかかります。

3 ブランドの正体

ブランドの本質

ブランドとは何か、もしくはブランディングとはどういうことなのか。

経営者であれば誰しもが一度は考えたことがあるでしょう。一言で語るには難しく、調べれば調べるほどその定義はわからなくなってしまいます。

しかも業種業態、会社規模、はたまたその企業独自の文化などによってもブランドの意味合いは変わってきます。画一的に定義することは実は困難なのです。

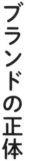

しかし本書では、定義ではなく、より具体的で再現可能なブランドの本質に迫ってみたいと思います。

次の問いを自分自身に投げかけてみてください。そうすることで少しずつその本質が見えてきます。

・誰に貢献できる商品やサービスなのか？
↓この「誰」がメイン顧客です。
・どんなシチュエーションで貢献できるサービスなのか？
↓これがシチュエーション・ブランディングです。
・どんな貢献点（利用する人や社会・世の中にとってのメリット・利点）があるのか？
↓これがベネフィット・ブランディングです。

これら三つのポイントがブランドの本質であり、かつ、これからの時代で拡大していくブランディングの新たな領域です。

ブランディングの本質は、「シチュエーション・ブランディング」と「ベネフィット・

ブランディング」の二点。これに尽きます。その企業姿勢を可視化したものがシンボルであり、ロゴマークなのです。CI（コーポレートアイデンティティ）を構築することはブランディングの方法ではなく、ブランディングの結果です。くれぐれも、ここを見誤らないようにしましょう。

また、好感度の高い有名人に使ってもらったからといって、それでブランドとして認知されるわけでもありません。私はこれを「ミューズ戦略（女神戦略）」と呼んでいますが、全く本質的なものではないのです。このあたりは第五章で解説いたします。

ルイ・ヴィトンのブランディング

このブランディングの本質について、もう一つ、誰もが知っているブランドを例に挙げて説明してみましょう。

それはルイ・ヴィトンです。

ルイ・ヴィトンと聞けばもはや説明不要の、知らない人はいないほどのブランドです。「ブランド」と聞けば多くの人が最初に思い浮かべる、まさに代表的なハイブランドと言えるでしょう。

しかしもちろんですが、そのルイ・ヴィトンも誕生した瞬間からハイブランドだったわけではありません。それではその成り立ちとブランド化するまでの道のりはどのようなものだったのでしょうか。

ことルイ・ヴィトンに関しては数多くの逸話がありますが、よりブランドの本質を表しているエピソードを一つご紹介しましょう。

時は１９００年台の初頭、欧米の富裕層が船旅を楽しんだ時代。

船旅をする人（メイン顧客）が、船旅をする間に使用する（シチュエーション）バッグとして、ルイ・ヴィトンは大変な人気を博していました。

船旅をする人たちの心の中にある、バッグに対するニーズとは、「船が沈没してもカバンの中身は濡れることなく無事であって欲しい」、「船が沈没してもバッグは沈むことなく浮いていてほしい」の大きく二点。この二点を現実のものとするバッグやカバンが、船で旅する富裕層にとって必要なものだったのです。これが、ベネフィット・ブランディングです。

この二点を、高いレベルで現実のものとしたのがルイ・ヴィトンでした。シチュエーション・ブランディングとベネフィット・ブランディングを兼ね備え、多くの富裕層から支持を得て、さらに数多くの名作を世に残すことで、ルイ・ヴィトンはハイブランドとして成立していったのです。

企業ブランディングのキーワード

エルメス、ルイ・ヴィトン、シャネル……誰もが高級ブランドとして認知しているこの三ブランド。これらは「値段が高いから」「おしゃれだから」「有名人が使っているから」といった理由でブランド化できたわけでは、決してありません。

共通しているのはどんな状況（シチュエーション）で、どのような貢献（ベネフィット）を、どんな人（顧客）に行うことができるのかが明確であった、ということです。

さてあなたの会社のシチュエーション・ブランディングとベネフィット・ブランディングは明確になっているでしょうか。

繰り返しになりますが、これらの話は決して遠い世界のハイブランドに限ったことではありません。むしろ、現代の日本の中小企業だからこそできるブランディングがあります。

こうしてみると20世紀の初頭、さまざまな技術革新が起こり、それに伴い数多くのブランドが誕生しました。それだけ、環境の変化が激しい時代だったのです。そして変化が激しいということは、それだけ生活スタイルの変化が激しいことをも意味しています。これも繰り返しになりますが、生活スタイルの変化にこそ、商機があります。

さらにこの現代では、20世紀の初頭以上に激しい変化が、毎日起こっています。

「どうやって自社、もしくはサービスをブランディングするか」

これを考えるには今が大きなチャンスであり、その時の手助けになるのが、本書のテーマであるＳＤＧｓなのです。

生活スタイル、生活習慣が変わる時が、
新たなサービスを生み出すチャンス

ブランドは誰に、どんな状況で、
どんな貢献点があるかで決まる

第一章：新たな文化の幕開け
～来たる応援消費の今

本章では現代においてマーケティングとは何か、
そしてそこでブランドがどんな役割を果たすのかを解説していきます。

マーケティングの新時代

1

マーケティングが効きにくい時代

インターネットの発展により、誰でも一瞬であらゆる情報を収集できるようになったことに伴い、情報のリテラシーも高くなりました。一方で、その弊害としてあらゆる「もの」の差別化が難しくなってきています。

消費者は、ある商品の露出が多いからといって、自分にとって良い商品であるというわけでもないことを知っています。これは、かつて隆盛を極めたテレビコマーシャルをはじめとした従来の広告手法が現代においては、効果が弱まってきていることを意味しています。

売り手にとって今はまさに「これまでのマーケティングが効きにくい時代」だといっても、過言ではありません。

そして買い手である私たちも「何がマーケティング（コマーシャル、広告）なのか」がわかるようになり、その匂いが強いものを避ける人たちが増えているのではないでしょうか。

要するに私たちは「ものを売られる」ことに対する嗅覚と、それに対する嫌悪感が強くなったのです。

マーケティングとブランディングの壁が溶けた

こんな時代だからこそ、売り手側はマーケティングを定義しなおす必要があります。

そしてブランドとは何なのかを、改めて知ることが、多くの経営者やビジネスパーソンに求められていることです。

それはなにもクリエイターという職種の人に限った話ではなく、中小企業経営者や行政職員も同様と言えます。むしろ、中小企業や行政職員こそが「マーケティング」と「ブランディング」を把握するべきなのです。

なぜなら昨今、「マーケティング」と「ブランディング」を隔てる壁が溶けてきているからです。もっと具体的に言えば、ブランディングがマーケティングの役割を果たすようになってきているのです。このことについて順を追ってみていきましょう。

まず本書では、それぞれを下記のように定義します。

「マーケティング」とは、売上をあげるために何をするか。わかりやすく言えば「商品をどう売るか」について考え、実行すること。

一方の「ブランディング」とは、好きになってもらう・ファンになってもらうために何をするか。

これについてはこの章の後半でもう少し掘り下げていきます。

コロナ禍で到来した「応援文化時代」

新型コロナウイルスという未曽有の災害を経て、大小の規模に関係なく多くの企業が窮地に陥りました。悲痛なニュースも数多く目にするようになり、どことなく閉塞感や不安を感じている人も多いのではないでしょうか。

しかし、そんな時代に新たな潮流ができ始めました。「クラウドファンディング」をはじめとする「応援文化」です。

「あのお店が好きだから、なくなってほしくないから応援する」
「あの人のファンだから、頑張ってほしいから応援する」

そんな声が日本各地（もしかしたら世界中）で上がり始めたのです。

近年よく耳にするようになってきたこの「クラウドファンディング」ですが、日本では実は2011年から2012年あたりにはすでに登場していたサービスです。

ちなみにその歴史を見てみると、似たような資金調達の方法は意外と古くから存在するようでした。ヨーロッパでは1600年代から、多数の個人から資金を募って事業を行うという形式が行われていたという記録もあります。

このクラウドファンディング、日本で出始めの頃はまだ一部の人が使うようなサービスといったイメージがありました。しかしコロナ禍を経て、加速度的に国内に浸透していきました。実際に多くのお店、特に飲食店がクラウドファンディングによって救われたようで、そうしたニュースを見かける機会も多くありました。

この現象は、さまざまな観点から語ることができます。一つにはクラウドファンディングの仕組みがようやく理解されたことがあると思います。さらに別な観点では、ファンがいることの強さに、日本中の人々が気づき始めたということが大きいのでしょう。

しかし、しっかりと認識しておきたいことがあります。それは、クラウドファンディングは決して集金装置などではなく、やれば必ずお金が集まるというわけではないということです。当たり前のことですが、必ず儲かるならば誰もがやりますし、みんな成功します。そうではないから、やる人がいれば、やらない人もいます。そしてこの事実こそが、「応援文化」の到来をより強く裏付ける、重要なファクターなのです。

実際に、数々の成功の裏にはチャレンジ失敗に終わるプロジェクトもいくつもありました。その違いはいったいどこにあったのでしょう。答えは『応援されるか否か』という一点です。コロナ以前からファンを獲得し、応援されていたお店や人はプロジェクトを成功させ、そうではない人たちは失敗に終わったわけです。

要するに、お店や会社が抱えるファンや「好き」が数値化されたということなのです。クラウドファンディングは、それを数値化したに過ぎません。元からファンや「好き」を集めていたお店が、たくさんのお金という支援を集めることができたのです。

言い方を変えると、クラウドファンディングによって経済の形が変わり、これからはファンづくりこそが企業の利益につながっていくことがはっきりとわかった瞬間でもありました。

2

変わりゆく経済と、変えていく経営

株主主義の限界と経営5・0の時代

2020年から2021年は、クラウドファンディングによって応援文化が浸透し、ファンがいることの強みが証明された期間でした。とにかく広く認知されるよりも、深くて強い「好き」を集める企業の強さが際立ちました。

私が経営支援に携わっている企業でも、長年やってきた取り組みが注目を集め、ファン＝顧客を獲得するという企業もありました。そのきっかけこそが、本書のテーマであるＳＤＧｓに関連する取り組みでしたので、紹介します。

第三章で詳述しますが、手づくりおむすびの店の「おむすび権米衛」さんは、「日本の農業を守る」という姿勢が多くの共感を集めています。指定農法でお米を作る農家を大切にし、食の自給率をあげていけるような取り組みを企業活動の全体で行っています。おむすびの販売店は全国各地に数多く存在しているにもかかわらず、おむすび権米衛さんはその独自の取り組みや理念が評価を受けて、省庁からお墨付きをもらっているほどです。ちなみに、この「お墨付き」こそがブランディングの肝で、中小企業のブランド戦略には欠かせません。お墨付きについては、第五章で解説しています。

おむすび権米衛さんは単に共感や評価を受けているだけではなく、ファンも順調に獲得して、このコロナ禍において、ニューヨークやパリなどで売上を伸ばし続けています。その要因としてあるのも、やはりＳＤＧｓの取り組みでした。

今の時代はブランディングがそのままマーケティングの役割を果たす、「壁が溶けた時代」です。

企業が長期的に、継続的に利益を生んでいくには、繰り返しですが「ファンづくり」が欠かせません。それは中小企業ならばなおさらなのです。そして「ファンづくり」の重要性は企業にとってだけではなく、自治体に関しても同じことが言えます。

しかし、残念ながらブランディングに失敗している事例が多いこともまた事実です。ブランドとは確かなものでなければなりません。単にロゴを作ったりイメージ戦略を打つことではなく、取り組みや経営そのものの姿勢のことを指すのです。そこを見誤ってしまうと、巨額の費用を投じたのに、その結果間違えたブランディングの施策を打ってしまうという事故が起こります。それどころか、そこにマーケティングの匂いが漂うことを消費者に見抜かれてしまい、逆効果になることだってあり得ます。「そもそもブランディングの方向性が間違っていた」なんていうことも起こり得るのです。

方向性の間違いとしてわかりやすい例を挙げると、ブランド構築と称してコーポレートアイデンティティ（CI）を作ったりしてしまう企業が、残念ながら少なくありません。当然ながらシンボルはシンボルであり、企業やサービス・商品のブランドを示すものではありません。誰が喜ぶサービスなのか、貢献するポイントはどこなのかといった考えがないままおしゃれなシンボルマークを作っているケースが散見されます。企業のデザインレベルは上がるかもしれませんが、本質的にＣＩとブランディングは全くの別次元にある概念です。

また、自治体で言えば地方創生で成果を上げていると言われる都市のコピー（模倣）などもそうです。「成功都市のコピー」には再現性がありません。まちが持つ資源（ヒト・モノ・カネ・情報）が違うのに同じことをしようとしているのです。自ずから成功確率は低くなってしまいます。さらには足元にある強みをないがしろにしたがために、元からあるまちの長所を潰してしまうケースも散見されます。

せっかくそれぞれの自治体にそれぞれの文化や強みがあるのに、それをわざわざ潰してしまうような施策を打ってしまい、結果としてその地方の個性がなくなってしまう……。これは本当に残念に思います。地方独自の文化や強みというのは自然環境と同じで、長い時間をかけて作り上げてきた歴史そのものであり、一度損なってしまうと回復するのは実に困難になります。

そこに中小企業や自治体が陥りやすい落とし穴があるのです。それがどういうことなのかは、次の第二章で詳しくみていきます。

3 「感情」をキーワードにする経営

マーケティングとブランディングはどこが違う

本章の要点として、改めてマーケティングとブランディングについて振り返っていきます。

マーケティングとはマーケット＝市場という言葉通り、もともと市場を分析することを意味しています。

重視されるべきなのはどうやって売るか、どうやって顧客を獲得するのか。その意識のベクトルは「広さ」に向かっています。「数が多ければ多いほど良い」とする考えです。

一方のブランディングとは、人の心理分析に基づくものです。どうすれば顧客に貢献できるのか、どうすれば応援をしてもらえるのかを重要視して考えることです。意識のベクトルは「深さ」に向かっています。

このマーケティングとブランディング。一見似ているようで非なるこの二つの概念の違いを一言で述べるとすると、「認知度の深さ」です。


かつて市場においてマーケティングが優位だった頃――すなわちビジネス活動においてマーケティングが重要視されていた頃、人を人として見るのではなく、人を「市場の構成要素」とみなしていた時代でした。言い方を変えると、人を単なる客＝利益として見ていた、ということです。それはある意味、人に優しくない時代だったと、言えるかもしれません。

とにかく広くサービスを認知させ、市場でのシェアを獲得することが正義とされていた頃の話です。誤解を恐れずに言えば「人をお金として見てきた」と言っていいでしょう。そんな時代が長く続きました。

しかし、そんな時代が長く続けば、「人として見てほしい、扱ってほしい」という根源的な欲求が強く出てくるのも、また当然のこと。その溜まりに溜まった欲求が噴出したのが今という時代です。

今はまさに、マーケティングを見直す時期に差しかかっている過渡期と言っていいでしょう。とかく多くの企業にとって、人口が減少していくこの国の、この時代においては、数を重視した従来のマーケティング手法は、通用しにくくなってきています。いわずもがな、その傾向は今後ますます強まっていくでしょう。

また、もう一つ、マーケティングについて考え直す時に無視できない要素があります。それは近年ビジネスの場で使われるようになった「可処分時間」という考えです。

可処分時間とは、「顧客が自由に使える時間」を意味します。

少し前は「可処分所得（顧客が自由に使えるお金）」を把握しよう、という考えがありました。これが所得から時間に移ってきて、「可処分時間」という言葉が囁かれるようになってきています。それだけ時間の価値が上がっている、そしてそのことを多くの人々が感じ始めているということなのかもしれません。

自社の顧客は一体何に、どれだけの時間を割くのか。現代において、企業活動をする上で「可処分時間」は検討すべき重要なファクターとなっています。

なぜ企業は顧客の可処分時間まで考えなければならないのでしょうか。理由は明確です。時間とはすなわち命、人生そのもの。商品やサービスが多様化して選択肢が増えた現代に、その限りある時間を「嫌いな企業」や「嫌いな企業が提供しているサービス」に割く人はいないからです。

いうまでもなく、時間の流れは老若男女、地位や肩書き関係なく、誰にとっても平等で、貯めることも増やすこともできやしないのですから。

人は減る、そして時間の価値は上がる。そんな時代にあって、企業が継続的に利益を上げていくには、もはや好きになってもらい、可処分時間を割いてもらう道を進むのが理にかなっているのではないでしょうか。つまり、ブランディングです。

しかし、ブランディングだと言って、闇雲に手を出してしまってもいけません。中小企業や自治体は活用できる資源も限られます。また、万が一うまくいかなかった時に、方向転換したり、元の状況まで復帰するのにも多大な労力を必要とします。

何事もそうですが、成功の背景には勉強や努力の他に、タイミングといった自分ではどうにもできない要素があります。

しかし逆に、失敗には明確な原因があります。その原因を知り、一つひとつ取り除いていくことが、結局は成功への近道だったりもします。

追いかけるべきは顧客満足度

本書でも繰り返し述べますが、私はコンサルタントは企業の医者であるべきだと考えています。企業の調子が良くない時、まるでかかりつけ医のように、どう具合が悪いのか、どこに原因があるのかを探って解決策を見出さなければならない。表面的な情報だけではなく「人を人として見」て、適切な施策を実行する。それがコンサルタントの役割だと、強く思っています。

この思いは、私がコンサルタントとしてのキャリアをスタートさせた時、すなわち社会人になりたての頃から変わっていません。

「いい会社を増やすことは、いい世の中を作ることにつながる」
「コンサルタントの仕事は、いい会社を増やすことだ」

これは、私がかつて所属していた船井総合研究所の創業者であり、私が尊敬する人物の一人でもある船井幸雄さん（故人）の言葉です（私たちOBは尊敬の意味を込めて、当時も今も変わらず船井会長と呼んでいますので、以降は本書でも「船井会長」と呼ばせていただきます）。この言葉こそが私のコンサルタントとしての出発点であり、原点であり、そして今もなお大切な指針となっています。

私はコンサルタントになりたての頃からこの言葉を大切にし、「人を人として見る」コンサルティングを行うことを意識してきました。

船井会長は流通業や繊維業のコンサルタントとして活躍し、クライアントの成長に伴って、会社（船井総合研究所）も国内有数のコンサルティング会社として成長していきました。その成長の中で、晩年は社会や地球全体を良くしていこうという方向に舵を切って進んでいきました。中でも宮崎県綾町でのコンサルティングに力を入れていました。

綾町は土地面積における森林比率が日本有数で高く（当時）、広葉樹を中心に大自然が広がる素敵なまちでした。広葉樹はそこにすむ人たちにとっていい環境を作り、この広葉樹を活かすことでまちに人を呼べるようになれば、地方創生の良いモデルになるという考えで、船井会長はコンサルティングを行っていたのです。

また、船井会長は「清富《せいふ》の思想」という考えを述べていました。これは日本人の美徳ともされていた「清貧《せいひん》の思想」を船井幸雄流にアレンジした言葉です。儲けることを否定せず、利益を社会に還元する。「ＳＤＧｓ」という言葉や考えなど全くなかった時代から、船井会長はこの考えを広めようとしていました。

私は「人を人として見る」という考えを空論で終わらせるのではなく、具体的な取り組みに落とし込み、実践してきました。これも船井総研の新人時代に直属の上司から教わったことなのですが、ずっと「ＰＩ値」を意識してコンサルティングを行なってきました。というより、当時から今まで、ずっとこのやり方でしかやってきていません。

ＰＩ値とは顧客満足度を指標化したもので、「競合対策よりも、顧客満足度をアップしよう」「自然淘汰的に、顧客満足度が高い企業が生き残る」という考え方に基づいたコンサルティングのノウハウです。

これまでの多くのコンサルティングは「市場のシェア」を重視して追いかける、いわゆる競合対策をメインとしたノウハウを用います。

一方でＰＩ値は、顧客満足度をアップしていけば必ずお客さんが増えるといった考えに基づいています。もっとわかりやすくいうと「大好きなお店ならば何度も行くし、大好きな商品、サービスならばたくさん買ってしまうよね」ということです。もうおわかりのように、この「大好き」こそがファン獲得の基礎であり、ブランディングの肝となります。私はずっとこのＰＩ値の考えで、企業経営支援に携わってきました。

社会人経験の一歩目から、貢献と利益を両立させるコンサルティングのノウハウを、骨の髄まで叩き込まれたというのは、本当に良かったと思っています。そしてこのことは、これからもずっと変わることはありません。

これが、私が企業や自治体のブランディングについて、啓蒙をしている理由です。

だからこそ、多くの中小企業や地方自治体に、ブランディングについて知っていただき、実践することで発展をしてほしい。
そのために次章では、日本の企業や自治体が、自分たちのブランディングに失敗してしまう原因を解説していきます。

「好き」は企業利益の源泉になる

時間の価値が上がる現代、重要視すべきは認知度の「深さ」である

第二章：なぜ多くの中小企業がブランディングにつまずくのか？

多くの企業や自治体は、なぜ自分たちのブランディングを苦手としているのか？　本章ではその背景を探っていきます。そこには深い、日本人ならではの理由がありました。

1　ブランディングに失敗する　三つの要因

どうしても二番煎じになってしまう?

ブランディングに関する知識は誰でも得られるようになったにもかかわらず、なぜ多くの中小企業や地方自治体がブランディングに失敗・苦戦しているのでしょうか。そこには大きく分けて三つの要因がありました。それについて見ていきます。

要因その①　ベンチマークを置くのが得意な国民性

日本人はとにかくベンチマークするのが上手です。

わかりやすい例として、トヨタ自動車（以下、「トヨタ」）を思い浮かべてみてください。トヨタは今や名実ともに世界でもNo.1の自動車メーカーで、説明は不要でしょう。しかし世界のトヨタも、当然ながら最初から世界No.1だったわけではありません。その歴史を振り返ってみると、さまざまな気づきを得ることができます。中でも、トヨタが世に出始めた昭和の時代はアメリカのゼネラルモーターズ社（以下、「GM」）をベンチマークに置いていたことで知られています。

「いかに低コストかつ高性能な自動車を生み出せるか」。その方法をトヨタはGMに、追いつけ追い越せで追究してきたのです。その世界への階段を駆け上がるトヨタの歴史には、企業経営の参考になるエピソードが数多くありますが、本書では割愛させていただきます。

とにかくそんなふうにして、トヨタは今や知らない人はいない自動車メーカーへと成長を遂げています。トヨタのような企業が日本で一番の（そして世界でも有数の）売り上げを誇っているという事実は、象徴的ですらあります。

それではなぜベンチマークが得意なのに、ブランディングに失敗してしまうのか。

トヨタのレベルまで昇華できれば話は別ですが、ほとんどの場合はすでにあるブランドに追従しても、二番煎じにしかならないからです。すでに確立し認知度もあるブランドと似たようなサービスや商品を展開しても、勝ち目がないのは明らかです。

自治体にしても同じことが言えます。地方創生のスローガンのもと、人を集めるために大きな複合型のビルを建ててしまい、「ミニ東京化」してしまう地方自治体が少なくありません。地方都市のミニ東京化については少し根深い問題があり、このセクションで少し掘り下げていきます。まずこんなにも「ミニ東京化」が多い背景としては、かつてミニ東京化したまちが、実際に人口が増えて栄えたという時代があったことに由来しています。

ミニ東京化したまちは人口100万人都市から、大体70~100㎞ほど離れたところに立地していることが多いです。通勤・通学で移動できる距離はせいぜい30~40㎞。それよりも外に住んでいる人たちを吸収することで発展してきたのが、これまでのミニ東京化したまちでした。しかし人口減少の時代に入ると、それまで吸収してきた隣接するまちの人口がまず先に減り始めました。そうしてミニ東京に呼び込める人数も減っていったのです。

さらに、地方創生における二番煎じ問題は「ミニ東京化」だけにとどまりません。大都市ではない、近接するまちが何かで成功すると、それをなぞるように真似たがるという問題があります。例えばB級グルメ的な名物で交流人口を増やそうという取り組みです。

その地域で成功した、いわば横綱と同じやり方で同じ土俵に、入門直後のビギナーが上がりたがるのです。勝ち残る確率は、非常に低くなってしまいます。

ミニ東京化も横綱の真似も、それで人が集まるどころか、長年培ってきたその地方の個性・特性を潰してしまうという結果で終わることがほとんどです。これは本当にもったいないことだと、伝えたいです。特にまちづくりにおいては、一度手を入れた自然環境や文化が元どおりになることは、ないのですから。

要因その② 日本人の国民性

日本人がブランディングに苦戦する要因として、日本古来のコミュニティのあり方が挙げられます。日本は古来から他者との協調性が重んじられ、組織の体制は封建主義的なタテ割りの文化です。そして現代の日本においても、タテ割りの組織体制文化は根強く残っています。

実はこの日本古来のタテ割り文化こそが、ブランドの誕生を阻んでいます。こうしたタテ割り組織からは、ブランドが生まれにくいのです。

ブランディングとは、多くの人たちに好きになってもらうことです。そのためには、どのようなイメージで外（顧客）から見られるか、という点がとても大切になります。例えば製造業であれば、単品ごと・アイテムごとに持たれるイメージが異なってはいけないわけです。「環境重視を掲げる製品Aがある一方で、環境に負荷をかける製品Bがある」という状況では、企業の姿勢も定まらず、具合が良くありません。

その観点で考えると、ブランディングとは横並びになっている関係性が薄かった組織に、いかに横串をさすかを考えることでもあります。これはまさに日本人が苦手としてきた領域です。そしてスティーブ・ジョブズやイーロン・マスクといった、世界的なブランド企業の立役者たちが得意なところなのです。

もちろん、この日本式のタテ割り組織にも良い点があります。それはモノづくりに向いているという点です。

同一規格の製品を大量に生産するには、指示系統やそれぞれの職務・職責がはっきりとしているタテ割り組織が向いています。そして、ご存知のように、日本はモノづくりで目覚ましい経済成長を遂げてきました。

しかし耳の痛い話ですが、モノづくりが得意なだけでは、下請けから抜け出すことはできません。それどころか皮肉なことにブランディングに着手せずに、モノづくりの品質だけを高め続けるほど、どんどん下請けに向かっていく傾向にあります。事実、日本には世界有数の品質を誇る部品メーカーがいくつもあるのにもかかわらず、それを知る人は多くいません。ということは、自社をブランド化できていない企業が、日本にはまだまだ多いということなのです。

日本の家電メーカーの製品は高品質なのに、会社のブランド化ができていない理由はここにあります。日本から0→1（ゼロイチ）が生まれにくいと言われる由縁でもあります。

ブランドは品質を包含しますが、品質が良いだけでは残念ながらブランディングにはならないのです。

要因その③　ニッチトップを見つけるノウハウがない

「ニッチトップ」や「ブルーオーシャン」という言葉自体はビジネスでもよく使われるようになったので、耳にする機会も多くなってきました。しかし「自分（自社）にとってはどこがニッチトップなのか」を見つけだす能力に関しては、まだまだ遅れていると言わざるを得ません。それが日本人がブランディングに苦戦している第三の理由です。

私がコンサルティングに入らせていただく際に、ブルーオーシャンを見つけるために活用しているマトリックス分析があります。章末にサンプルを掲載しますので、ぜひ自社だけのブルーオーシャン探しに役立ててみてください。

自社の状況を知る「8S分析（8 strategy）」

私がコンサルタントとして企業や自治体の経営に携わらせていただく時に用いるメソッドとして「8S分析」があります。これは経営戦略を8つの戦略（strategy）に分けて考える、独自のメソッドです。8つの要素とは商品戦略、価格戦略、エリア戦略、営業戦略、顧客戦略、サービス戦略、広告戦略、ＩＴ戦略です。

この8つの戦略要素がストーリーとして矛盾なく噛み合っている時に、企業は成長します。

逆に言えば、赤字企業や売り上げが何年も落ちている企業についても、その要因をパターン化して分析できるということです。そのパターンは大きく分けて二つあります。

赤字企業のパターンのまず第一は、8つの戦略要素のどこかに抜けがあるパターンです。前述の通り日本人はモノづくりが得意なので、商品戦略と価格戦略はバッチリ立てることができます。その一方で、IT戦略や広報戦略、サービス戦略に抜けがあるため、市場の動向とうまく噛み合わないといったことが起こります。

そして第二には、8つの戦略要素が矛盾しているというパターンがあります。例えば、中小のモノづくり企業においては、一つひとつの製品にこだわり、大手企業が作る量販商品よりもワンランク上の高品質製品を少量作るというパターンがあります。それに伴い、価格も大手のように安売りはできなくなり、高値になってしまうのはよくあることです。

しかし、エリア戦略を見てみると、地場に密着して展開していたりします。ですが、地方で「高くて良いもの」を買う人がどれだけいるのでしょうか。多くの企業は売上高前年対比という指標を重視しています。「高くていいものを買える人が年々減り続ける地域」で「高くていいものを地元で売る戦略」を採用しているなら、売上高前年対比が100％を割るのは避けられないでしょう。このような矛盾を起こしていて、赤字の原因になっているのです。つまり商品戦略・価格戦略と、エリア戦略・顧客戦略が矛盾を起こしているのです。

例として挙げましたが、モノづくりへのこだわりや、地場での展開を否定するものではは決してありません。日本のモノづくりにかける美意識はとても素晴らしく、これからもずっと残ってほしい文化です。

しかし、だからこそ、営業戦略なき商品戦略の向上は、企業を下請け化させてしまうという現実があることも知っていただきたいのです。

そしてそのままでは、今後企業を継続していくことも危うくなるという時代が、もうすぐ目の前まできています。

傲慢とプライド

日本人がブランディングを苦手とする原因の背景には、特有の謙虚さがあります。日本人はとにかく謙虚な国民性です。対外的なアピールも、ゼロイチで新しい価値を生み出すことも、苦手というよりも、どことなくやりたがらないのです。前にでしゃばらず、「自分なんかが……」と引っ込むことが美徳とされています。しかしこの美徳とされていることが、企業経営において、思わぬ悪影響を及ぼしているといったら、どうでしょうか。

謙虚であること自体はとても大切なことです。ですが、それも行き過ぎてしまうと卑下になってしまいます。それではいけません。

グローバル化する経済の中で、これまで日本はまるで自らを卑下するかのようなやり方で、はかり知れないほどの損害を自分自身に与えてきました。

話は逸れますが、ブランディングには「ブランドを作る工程」と「ブランドを守る工程」があります。ブランディングのスタートは「ブランドを作る」ことですが、「ブランドを作る」ことができたらすぐさま「ブランドを守る」ことを始めなければなりません。なぜかというと、良いブランドは、競争相手にすぐに模倣され、盗まれ、骨抜きにされてしまうからです。本来であれば、先をゆくプレーヤーは先行者利益として大きなメリットを享受できるのですが、自分を卑下していてはその先行者利益も発動しません。

これまで、謙虚の反対は傲慢であると考えられてきました。しかし、ビジネスの世界では謙虚の反対は傲慢ではなく、プライドです。

プライドは、経営者ならば誰しもが持っているでしょう。しかし、持っているだけではいけません。これからはプライドを外に示すことが、重要なのです。

かつて日本の企業が世界を席巻した時のことを思い出してみてください。ソニーのラジオに、ホンダのバイク。これらの製品や企業のスタンスには、「自分が世界を良くしているんだ」という高潔なプライドが示されていました。

トヨタのハイブリッドカーは、なぜ20年以上もトップの地位を守っているのでしょうか。「ブランドを守る」という意識が非常に高く、そしてその意識をサプライチェーンにまで高いレベルで浸透しているからなのです。自動車整備工場であっても、情報の管理は厳格に徹底されていると言います。

そうした高いプライドを示しながら、謙虚であること。これを両立できるのが日本人の本来の素晴らしさであると、私は信じています。

それではプライドを示さない謙虚が行き過ぎると、どんな悪影響があるのでしょうか。精神論などではなく、もっと具体的な話です。

それは「自分の特徴や強みが、それを求めている他人に知られなくなってしまう」ことにあります。自分が知ってもらえなくて損をするだけではありません。「その製品やサービスを求めている人」も不幸になってしまうのです。これは誰にとっても勿体ない話であるのは、いうまでもないですよね。

日本では古来より陰徳という価値観を大切にしてきました。

陰徳から考えると自慢という行為は浅ましいことであると言われます。これまで日本企業の謙遜がいきすぎた理由の一つが、自慢を嫌ってきたからではないでしょうか。

しかし、陰徳という価値観を損なわないまま、ビジネスにおいて損をしないようにするための重要なキーワードがあります。それが「貢献」です。

自分が作っている商品が世の中の誰かに貢献できる商品で、使っていただければ使っていただけるほど社会を良くしていけるものであるとしたら、きっとあなたは、その商品を多くの人に伝えることに躊躇することは無くなるでしょう。

このように「貢献」をベースにすると、日本人がこれまで弱点としてきた行き過ぎた謙遜や卑下が顔を出さなくなるのです。

謙虚や謙遜は大切ですが、時としてブランドにとってのブレーキになってしまうこともあります。だから日本人は、これまでブランディングを苦手としてきたのです。

ですが、これからは違います。

もし、謙遜せずに大手を振って対外的にアピールできる要素があったら……?

そしてもし、その要素と企業ブランディングを組み合わせることができたら……?

それが、あるのです。

その答えとなるのが、本書のテーマであるＳＤＧｓです。なんといっても、ＳＤＧｓ

は世の中のためになる、貢献となる活動の指標なのですから。

地球環境への貢献や社会課題に対する貢献、不幸な経済格差を是正するための貢献。

これらの貢献は全てＳＤＧｓでくくられます。

だから、経営の軸にＳＤＧｓを取り入れない手はないのです。知れば知るほど、企業のブランディングとＳＤＧｓは相性がいいことがわかるはずです。

さらに私は、日本人にこそＳＤＧｓの考えが合っていると考えています。それを企業活動に取り入れることで、日本人だからこその大きなゼロイチを生み出せると信じています。

それに、多くの日本人がブランディングを苦手としてきたということは、それだけ早いもの勝ちだということ。要するに先行者利益が大きいということです。このＳＤＧｓブランディングは、いち早く着手しておいて損はありません。

実践的「SDGsブランディング」

2

設備投資も広告も不要。まずはSDGsに着目すべき理由

では具体的にどういう道筋でブランディングを検討するべきなのでしょうか。方法を探る前に、まずは「考え方」をつかんでおきましょう。序章では「貢献点」が大きなポイントになると述べました。続く第一章では、今の時代は応援が利益の源泉になり得ると書きました。ここに大きなヒントがあります。

今の時代、応援したくなる企業とはどんな企業でしょう。

それは「社会課題解決」や「社会貢献」に取り組んでいる企業ではないでしょうか。「社会貢献」というと一気に話が大きくなる印象がありますが、実はそうでもありません。

私が商工会のセミナーを通して出会った「株式会社きぬのいえ」という会社があります。第三章で事例として取り上げていますが、きぬのいえさんはもともとやっていた社会貢献を下地にした取り組みをきっかけにして、日本中の注目を集めるようになりました。しかもたった二人で始めた企業です。

こんな具合に、ＳＤＧｓの取り組みをすることで、投資も広告も最小限に抑えるどころか、数億円レベルのプラスの広告効果を無料で受けるなんていうケースもあります。

さて、それでは具体的にどのように自社のブランディングを検討すべきなのでしょうか。次のステップを自分の会社に置き換えて考えてみれば、新時代のブランディングを実現する道筋が見えてきます。

① 貢献点とメイン顧客を明確にする
② 貢献度が最大となるシチュエーションを明確にする
③ 明確となったメイン顧客、提供できるベネフィット、シチュエーションにベストな販路と顧客接点（タッチポイント）を明確にする

これらは会社の強み、会社のオンリーワン、会社の歴史の中から自然と見つけ出せるはずです。この①〜③に取り組むことを「貢献型ブランディングの実践」と呼んでいます。

「オシャレ」を合言葉に、SDGsを発信

SDGsブランディングについてざっと説明しましたが、別な側面から見ると、その本懐は「『憧れの対象となる』『リスペクト（尊敬）の対象となる』団体・組織として認知される」ことだとも言えます。

参考となる事例として、福岡県北九州市の魚町銀天街という商店街の取り組みがあり

ます。

２０１９年、ジャパンＳＤＧｓアワードの最優秀賞である内閣総理大臣賞を受賞された商店街です。私は受賞のニュースを知り、２０２０年1月に学びに行かせていただきました。

そして商店街振興組合理事長の梯《かけはし》さんや店主の方々から大いに学びを得ました。

私が感銘を受けたことの一つがＳＤＧｓに関わるイベントです。従来の商店街のイベントのイメージを大きく塗り替える素晴らしいイベントの数々を実施されています。

アートのライブペインティングを実施する「ＳＤＧｓアートフェスティバル」、小倉城で竹あかりが開催される際に使われる竹灯篭に絵を描く「ＳＤＧｓアートフェスタ」、商店街のアーケードから吊り下げているバナーを新しいものに取り替えた後、取り外されたバナーを再利用してブックカバーやエコバッグ作成を行う「ＳＤＧｓチャレンジ」、ＳＤＧｓに関わる国連や各種団体の動画を上映する「ＳＤＧｓムービーカフェ」など、実にさまざまな取り組みです。若い人たちが興味や関心を持っているアート、エコ、ムービー、カフェといった要素と、社会貢献であるＳＤＧｓを掛け合わせたイベントを行っているのです。というのも、商店街が抱える大きな問題は、若者離れ。商店街の持続可能性を高めるためにも、若い人たちが集まるということは必須とおっしゃっています。

現在の若者の特徴として「貢献欲」とでも呼ぶべき「地球環境や社会、地域に対して貢献したい」というピュアな想いが強いことがあります（この点については第五章で詳しくお話しさせていただきます）。今の若い人にとってはＳＤＧｓそのものが強く共感するテーマなのです。

「ＳＤＧｓという社会や環境・地域に対する貢献」×「おしゃれ・かっこいい」

この掛け算が、若者を引き付けて、商店街の持続可能性を高めるキーワードなのです。


魚町銀天街が開催するＳＤＧｓのイベントは、来てくれるお客さんに対するものだけにとどまりません。

ターゲットを商店街の店主においたＳＤＧｓイベントも実施しています。

例えば「ＳＤＧｓバル」。「ＳＤＧｓについてお酒を飲みながら語り合う」イベントです。目的は「商店街店主へのＳＤＧｓの啓蒙」です。

このように考え抜かれたＳＤＧｓのイベントを実施されている魚町銀天街には、非常に多くの視察依頼や問い合わせがあるようです。

私の時もそうでしたが、問い合わせには惜しみなく応えてくれています。この点も非常にＳＤＧｓ的で、４「質の高い教育をみんなに」提供してくれているのです。魚町銀天街のＳＤＧｓの取り組みは、自分たちの繁栄で終わらせるのではなく、「貢献と儲けを両立させるやり方」を広く世の中へ提供している点が素晴らしいと、私もリスペクトしています。

私が好きなエピソードなのですが、魚町銀天街ではホームレスの方々の就労支援に積極的に取り組んでいます。アーケードがあり、雨風をしのげるので、店が1日の営業を終え、シャッターが閉まる時間になると段ボールを持ったホームレスの方が、以前から寝に来ていたそうです。このような人が２００８年時点では４００人いたとのこと。そこから就労支援に取り組み、２０１９年では１００人未満へと減り、３００人以上の方が職についてホームレスを卒業されたと言います。これまで多くのまちでは「街の美化」の名の下、ホームレスを強制排除する例も多かったのですが、魚町銀天街は違います。排除ではなく、就労支援！　魚町銀天街の取り組みは、自分たちが関わる全ての人に対してＳＤＧｓの気持ちで接している素晴らしさを感じます。ＳＤＧｓに際して国連が強調していているキーワード「誰一人取り残さない」を非常に高いレベルで実践されている、その貢献が、この商店街が多くの尊敬を集めている理由なのだと私は思います。

今の事業にヒントは隠れている

例えば第三章でも事例に挙げている「ブレインフォレスト」さんの取り組みはわかりやすいです。

「解体業の業界イメージを変えたい」という思いを出発点としています。現在は、解体業のイメージというといかつい人が働いているとか、ほんの一握りの会社だけなのですが、山林への不法投棄問題が取り沙汰されるなど、ネガティブなイメージを感じる人もいることでしょう。当然自分たちはそんなことはやっていなくても、解体業というだけでひとくくりにされて見られることに心が痛みます。ブレインフォレストさんは「業界に対するイメージを変えていくためには、コントロールできない他人のことよりも、まずは自分のことを変えていこう」と考えたところでＳＤＧｓのことを知って、後述するような貢献の取り組みをスタートしました。

このように、発想の転換で事業に価値を加えることで、自社をブランド化することができます。ブレインフォレストさんは解体業ですが、「地域や人々に貢献しよう」という思いは、業種業界関係なく再現性があるはずです。

オンリーワン戦略とベンチマーク戦略（競合分析）は矛盾しない

ここまで色々と語りましたが、私自身はベンチマーク戦略を否定するつもりはありません。学ぶの語源は真似ると言われているように、学びとして先進事例・モデル事例を真似ること自体は決して間違いではありません。

しかしいつまで経っても真似を続けるだけでは良くないのも、また事実です。真似ることはある面では依存であり、過度の依存は人や組織が持つ活力を減退させていきます。

かのトヨタはGMに学び、モデル事例であったGMから自立し、HVカーを作ることで世界を驚かせました。今や地球を守る自動車メーカーとしてのイメージも獲得し、ブランディングも成功しています。アカデミー賞のレッドカーペットで、名優レオナルド・ディカプリオがプリウスで乗り付け、降りてきたあの映像の衝撃を忘れることはできません。そして今や売上高、生産台数ともに世界トップレベルの企業に発展している……。

ＧＭをベンチマークにしたトヨタがこうして発展するまでのストーリーを考えると、日本の武道や芸道で古来から用いられる言葉である「守破離」を思い出します。

守破離の出典はさまざまあり、どれも真意は定かではありませんが、この言葉が意味することは学びが非常に多くあります。

先達が作った型を守り、基本を身につける「守」。基本を下地にし、それに自分なりの工夫を加えて基本を破る「破」。そして基本や師の教えから離れてオリジナルを作り出す「離」。個人も組織も、成長するためにはこの過程はとても理にかなっています。

だから、ブランディングの入り口としてのベンチマーク戦略は、決して間違いではないのです。

3 新たな事業の作り方と改善し続けるノウハウ

「不」が大きなヒントになる――北海道での出逢い

自分の会社に、もしくは自社で提供するサービスに貢献点が見つからないという経営者の方が少なくありません。それは「いいものを作れば売れる」という考え方が抜けない会社、もしくは「作りさえすれば売り先は決まっている、下請け」という習慣が抜けない会社である場合が多いです。

こういう方に知っていただきたいのが、「不の解消法」です。

今の時代、さまざまな業種業態、あらゆる形のビジネスが存在しています。しかしどのようなビジネスであっても、その本質を突き詰めると、人間の「不安・不満・不足・不快」を解消することにつきます。

たとえ強大な大手が寡占している分野でも、裏を返せば利用者が多くいるがゆえに、それだけその大手企業（とそのサービス）に不満や不足を抱える人も多くいます。そこに、中小企業が見出せる活路があるのです。

この「不の解消法」について語る時、いつも思い出すことがあります。それは今も忘れられない北海道での出来事でした。

およそ20年近く前の2000年代初頭の雪が降る時期。その日、北海道のとある商工会議所のセミナーに、私は講師として呼ばれました。

空港から会場までの行きはバスで会場に向かい、帰りも同様にバスで戻る予定でした。しかしセミナーの終わりに、とある男性から「空港まで送り届けたい」というお申し出をいただきました。

すでにバスのチケットは持っていたのですが、その男性の「絶対に送りたい」というとても強いお気持ちは変わらないようでした。理由を伺ってみると、「空港まで車で1時間はかかり、その間に三科さん（私）とお話がしたい」とおっしゃられました。その方は地元でも顔役のような経営者の方でした。商工会議所の担当者さんも私に「いいですか？」と聞いてきて、私はもちろん快諾しました。

その方の車の助手席に乗り込み、走り出してしばらく経つと、そこには一面銀世界が広がっていたことが、今でもありありと思い出せます。ポツポツと会話を交わしつつ、車は街を抜け、対向車も少なくなってきた頃、ふと運転席の社長が涙を流していることに気づきました。

「どうされたのですか？」と私が驚いて聞くと、社長は「とにかく悔しい」と絞るように口にしました。

その社長はもともと、道路工事関係で使われる土管製造の事業をやっていたのですが、公共事業が削減されていく中で、事業も先細りするのが見えていました。だから自分たちの強みを生かせること、シナジーがある分野として、土管を作る素材でラーメンのレンゲを作ったとのことでした。聞けば、それがアイデア商品としてとてもヒットしているると言います。どういうものかというと、レンゲの掬う部分の前半分は小さな穴がいくつか空いていて、後ろ半分は通常のレンゲになっているというものでした。スープを飲みたい時はレンゲを手元に傾け、コーンなどの具を食べたい時は反対側に傾ければ、いくつかあいた穴からスープだけが流れて具が食べられるというアイデアです。それが当時年商700億円を超える大手雑貨小売店で取扱いが決まりました。さっそく商品化し、商標登録も行ったのですが、喜びも束の間、大手均一ショップで同じようなものが売られるようになったのです。そうして予定していた取引も打ち切られてしまったとのことです。

「それが悔しくて……考えられることはやったはずなのに、だめだった」

社長の呟きが、とても重くのしかかってきました。

その大手均一ショップは商標登録を取ったものとは微妙に穴の大きさや数、位置を変えて、登録されているものとは違うものとして売り出すというやり方のようでした。社長は、中小企業がいくら頑張って開発したところで、守りきれないものがある、そのことに悔しさを感じていたのです。

「私はどうすれば良かったのでしょうか」

社長は涙を流すのと同時に、この一言をこぼしました。

私はその社長の呟きに即答できず、しかし「必ず答えを出します」と伝えたところで、車は空港に着きました。

「聞いてほしかっただけだから答えはなくていい。だけど、あなたに言っておく必要があるんじゃないかと思って、あなたとの時間を作りたかったんだ」

社長はそうおっしゃり、私たちは別れました。

「不の解消法」は変幻自在

コンサルタントは企業の医者であると、私は常に考えています。企業の調子が悪い時に相談を受けるのがコンサルタントです。

あの雪の北海道で、一人の社長の苦しみの問いに答えられなかったのは、治療法がない新しい病気に出会ったような、なんとも言えない気持ちでした。自身の力不足を強く感じ、なんとかその治療法を見つけたいという思いであらゆる文献を読み、それまで以上にマーケティングの勉強をしました。そしてその中で掴んだのが「不の解消法」だったのです。

　例えば、特にＩＴ業界などがそうなのですが、あるサービスをヒットさせるためには三つの法則があります。

　一つ目は「一番乗りの法則」。似たようなサービスなら最初にやったところが成功するというものです。いわゆる先行者利益を享受するものです。

　二つ目に、「イメージの法則」があります。「このサービスならこれ」と思いついてもらうところが勝ち残るというものです。早く参入した者がそのサービスのイメージになることが多いため、「一番乗り」とほぼ同義として考えることができます。しかし、中小企業だとここに切り込むことはなかなかできません。

　そこで三つ目の法則であり、中小企業が大手資本に飲み込まれることなく成長し続けるための方法が「不の解消法」なのです。先述したように、強大な競合がいたとしても、不満や不足が全くのゼロということはあり得ません。そこに中小企業は生きる道を見つけ出すことができます。北海道で出会った社長にこのことを伝えられていれば、真似してきた大手の商品の「不」を解消できていれば、再浮上のチャンスがあったのだと今も思います。

時代が変われば、人も変わっていきます。それと同時に人が感じる「不」も変わっていくのは道理です。人が生きている限り、「不」がなくなることはありません。だから「不の解消法」は世の中が変わっていっても、実践し続けることができるのです。

怒りから生み出せるもの

経営に怒りや悔しさはつきものです。私自身も経営者ですので、世の多くの社長が抱えるそうした思いは十分によく理解しています。しかし、もうおわかりだと思いますが、怒りや悔しさは「不の解消法」でプラスに変えていくことができるはずなのです。

多くの経営者は、アンガーマネジメントを勉強しています。どんな苦難や理不尽があっても、冷静かつ迅速に対処していかなければ経営は成り立ちません。

しかし同時に、私たちは聖人君子ではないので、完全に怒りを無くすことも不可能です。それでも、そのままずっと怒り続けるのも悔しい……。人間の感情はとても複雑です。

だからこそ私たちは怒りを感じた時に、できることがあります。その怒りをそのまま怒りとして相手にぶつけるのではなく、かといって諦めるのでもなく、それを世の中の「不の解消法」へと切り替えていけばいいのです。サービスを真似されても「悔しい」という怒りで終わらせず、むしろ「相手が真似してきた商品・サービスの不安や不満を、自分が解消してやるんだ」という考えを持てば、怒りを感じるたびに不を解消し、世の中が良くなっていくはず。そういう生き方があってもいいんじゃないかと思っています。

大切な気づきを、冬の北海道でいただきました。あの時、社長の男泣きの相談に即答できなかった自分自身に対する悔しさは、今も強く私の中に残っています。

そして私自身もまた、あの時の悔しさを貢献へと転じ、その後お会いする数多くのビジネスパーソンや経営者、行政の職員さんたちに「不の解消法」として伝えています。

縁や巡り合わせの不思議さを思いつつ、大切な気づきをくれたあの社長さんには、今も大変感謝をしています。

4 SDGsブランディングに欠かせないマインド

三つの「不の解消」

この章の締めくくりになりますが、かつてガンジーが言った「目には目をでは、世界中の目を潰してしまう」という言葉があります。これは本当にその通りで、やられたからやり返していては、世界中が疲弊してしまいます。

やられてもやり返さず、プラスのパワーにして世の中に打ち返してみる。これが「不の解消法」です。

この「不の解消法」には3つのステップがあります。

①　既存顧客の「不の解消法」

②　競合の「不の解消法」

③　世の中の「不の解消法」

の三つです。

自社のサービスや商品でどのように世の中の「不」を解消できるのか。または世の中の「不」を解消できるのは、どんなサービスや商品なのか。それを考えることがベネフィット・ブランディング（貢献型ブランディング）になるのです。

さらにそれがSDGsの17の目標の何番に当てはまるか、まで落とし込んで考えてみましょう。その取り組みこそが、会社のブランディングに直結します。

国連が推奨するSDGsのバックキャスティング

具体的にSDGsの取り組みを始めるにあたり、重要な考え方があります。それはバックキャスティング分析です。

バックキャスティングとは、なりたい理想の未来像を起点として、「そうなるために今、何をすべきか」という逆算をして考える方法です。目標である理想像に到達するために、一見すると困難に思える壁でも、「どのように乗り越えるか」という考え方をするため、イノベーションが起こりやすいという特徴があります。

このバックキャスティング分析を理解するために、お手本のようなお話を紹介します。それは、医師であり、アフガニスタンの灌漑や農業の普及に従事されてきた、中村哲さんの活動です。

中村さんの取り組みやそのお考えは、ＳＤＧｓという言葉ができるずっと前から、非常にＳＤＧｓ的なものでした。

中村さんはアフガニスタンやパキスタンで医療活動に従事してきたのですが、なぜ水路の建設に着手するようになったのでしょうか。それは「１００の診療所より、１本の用水路を」の考えを持つようになったからでした。そして、そのプロセスこそが、バックキャスティング分析として非常にためになるものだったのです。

まず中村さんは「病気をなくしたい」（ＳＤＧｓ項目　３　すべての人に健康と福祉を）という思いをゴールに、１９８６年から難民救済のため医者のいないアフガニスタンの山岳地帯の医療体制を整えました。

２０００年夏、アフガニスタンでは大干ばつが起き、食糧不足となりました。体の弱い子供や老人の命から犠牲になったと言います。

この干ばつを境に、中村さんの「病気をなくすための活動」は、医師としての活動のみならず、干ばつによって失われた命の水を甦らせるための用水路づくりへと変化していきました。

病気をなくすためには、食料不足と栄養失調（ＳＤＧｓ項目　２　飢餓をゼロに）の問題を解決する必要に迫られたのです。そのようにして「１００の診療所より、１本の用水路を」（ＳＤＧｓ　17の目標　６　安全な水とトイレを世界中に）という答えを導いたのです。

そして考えるだけではなく、実際に着手をしていきました。医療と灌漑は、まるでかけ離れた二つの事業に見えるのですが、中村さんの中ではつながっていたのです。

そして実際に、新たに掘削されたり、復旧された用水路や給排水路は１００㎞に及びました。

用水路建設により水を得たアフガニスタン東部の大地では農業が奇跡的に復活。落花生やカブなどの農業も再生され、10年以上途絶えていた酪農も復活することとなりました。

こうして食糧不足や栄養失調の改善が実現していったのです。

中村さんは２０１９年に現地で銃撃され亡くなりました。しかしその志は日本国内のみならず、アフガニスタン、パキスタンをはじめ、世界中に伝わっているはずです。

中村さんが現地アフガニスタンでいかに尊敬されているかを表すエピソードがあります。

銃撃された中村さんの遺体は棺に納められ、空路、祖国日本まで飛行機で運ばれました。その時のアフガニスタンの空港での出来事です。

棺を運ぶ人たちの中に、アフガニスタンのガニ大統領（当時）の姿もありました。

大統領自身も中村さんの棺を運んだのです。

そしてガニ大統領は語りました。

「中村さんは偉大な人だ。中村さんはその人生をアフガニスタンの貧しい人々のために捧げてくれた。人々の生活をよりよくするため。そしてこの国を豊かにするために」

中村さんが作った用水路は、アフガニスタンで約65万人の農民の暮らしを支えていると言います。

短期間のうちにこれだけ多くの人の暮らしを支えるだけの水不足問題を解決し、多くの人たちの健康を回復させることができたのは、中村さんの強い意志はもちろん、その意思を実行に移すための戦略や戦術を立てる際の考え方がゴールからの逆算（バックキャスティング）にあった気がしてなりません。

国連も、2030年までに地球上の環境問題、社会課題、経済格差をはじめとした問題の解消のためにはバックキャスティング的発想と実行が重要だと言っています。

実際、中村さんのバックキャスティング的発想に基づく取り組みの成果は非常に大きく、一木一草も生えないと言われたガンベリ砂漠では用水路のおかげで稲作も行われるまでになっていると言います。

先行きが見えない時代は、多くの人が「自分が生きる道が正しいのか」という悩みを持つものです。経営者ならばなおさらでしょう。しかし貢献という目標・ゴールを設定し、そこまでの道筋が見えると、その一連の流れが自分の生きる道筋になります。そう考えると、希望が湧いてきませんか？

誰かのためになることや、社会の役に立つことで、利益を上げていける。綺麗事では終わらせず、それを実現するためのカギとなるのが、ＳＤＧｓブランディングなのです。

これからは「認知度の深さ」を尺度として持つべき

ＳＤＧｓを取り入れるだけで費用をかけずに広告になることも

SDGs ブルーオーシャン発見マトリックス

1	貧困をなくそう				
2	飢餓をゼロに				
3	すべての人に健康と福祉を				
4	質の高い教育をみんなに				
5	ジェンダー平等を実現しよう				
6	安全な水とトイレをみんなに				
7	エネルギーをみんなにそしてクリーンに				
8	働きがいも　経済成長も				
9	産業と技術革新の基礎をつくろう				
10	人や国の不平等をなくそう				
11	住み続けられるまちづくりを				
12	つくる責任　つかう責任				
13	気候変動に具体的な対策を				
14	海の豊かさを守ろう				
15	陸の豊かさを守ろう				
16	平和と公正をすべての人に				
17	パートナーシップで目標を達成しよう				

●民間企業ならば横軸を自社の業界にします。
縦軸に置いたSDGs項目の中で、自社の取組みで
達成できそうなものや親和性があるものを考えてみましょう。

●自治体ならば横軸は人口の規模にします。
１千人以下、１千人～１万人未満、１万人～10万人未満、
10万人～100万人未満、100万人以上、で分けてください。
縦軸の考え方は民間企業と同じです。

第三章：SDGsの考えを取り入れることで、こんなに変わる

この章では、私が実際に経営や事業に携わり、間近で見てきた数々の企業について、その変遷を具体事例として紹介していきます。

※掲載している情報は2021年9月現在のものです。取材の上、許諾を得て掲載しています。

1

おむすび権米衛　～おむすびで、日本を守る

「日本人にもっとたくさんお米を食べて欲しい」という願い

まず紹介するのは株式会社イワイが運営する「おむすび権米衛」です。契約農家から直送されたお米を店内で丁寧に炊き上げ、一つひとつを人の手でむすんだおむすびを販売している、おむすび専門店です。

「おむすび販売を通じて、日本の農業に貢献する」ことを明確に打ち出し、単なる製造小売店にとどまらない姿勢を示しています。

契約農家に依頼する米の栽培法は土づくりからこだわってもらいます。農薬や化学肥料をできるだけ使わず、環境負荷の軽減に配慮した「環境保全型農業」に取り組む米農家から直接仕入れています。

創業者で社長の岩井健次さんは、生まれ育った環境から、子供の頃より「世のために働く使命感を持ちました。「燃料」「食糧」「平和と安全」の国の三本柱から、最初に選んだのは「エネルギーの輸入」の仕事でした。大手商社に入社し、中東に勤務していた時に、日本のエネルギー自給率の低さよりも食料自給率の低さに危機感を覚えました。パン、パスタ、ラーメンなど輸入小麦による主食の多様化が進む一方で、本来の主食であるお米の消費量は激減しています。そこで、もっとお米をたくさん食べてもらえる業態を創ろうと商社を辞めて起業しました。お米の消費を拡大することで米農家を守り、ひいてはそれが日本の食料自給率向上を実現し、国への貢献につながると考えたのです。

しかし、農業を守るにはちゃんとした出口（生産されてから商品化して消費者の手に渡るまで）を整えなければならない。そうして立ち上がったのが「おむすび権米衛」なのです。

お米の農家を守り抜く取り組み

今回のコロナ禍で、自給率が低いと供給がどうなってしまうのか、多くの人が思い知りました。そう、マスクのことです。

マスクはもともと中国製が多く、ほとんどを輸入に頼っていました。しかし、いざコロナ禍になり世界的な需要が急増すると、中国はもちろん自国を優先しました。そうして日本への輸出が止まり、日本国内でマスクはたちまち品切れを起こしてしまったのです。

これがもし「食」で起きてしまったらどうなってしまうのか……考えるだけでも恐ろしいことです。

「そのリスクから国と日本に住む人を守りたい」、それこそがおむすび権米衛の理念なのです。

農業は、文字通りに食糧供給の土台になるだけではなく、国土や環境の保全といった多面的な役割も担っています。それは将来の地球にとっても必要不可欠なものです。

近年、農業が広く兼業化してきていることもあり「土づくり」がおろそかになり、化学肥料・農薬への過度の依存による環境悪化が進んでいます。

民間企業の取り組みレベルで、国内の自給率を上げることは容易ではありません。それでも、少なくとも生産者を守るための取り組みは始めることができる。それがこの「おむすび権米衛」の事業の根本にある考えなのです。

コロナ禍でも売り上げ記録を出し続ける海外店舗

現在は国内に49店舗あり（2021年7月現在）、ゆくゆくは100店舗を目指していく中長期計画を立てています。

そして、それだけではありません。日本はこれから人口が減少していくのは目に見えているので、海外にも目を向け始めているのです。実際にアメリカとフランスにすでに出店をしており、なんと驚くべきことにこのコロナ禍において、最高益を更新し続けています。

コロナを受けて早々にロックダウンしたアメリカ。ニュージャージーとニューヨークにそれぞれ1店舗ずつありますが、ニューヨークの店舗は休業も余儀なくされるなど、大きな苦戦を強いられたようでした。

しかし、ロックダウン解除後にはニュージャージー店は、テイクアウト限定ながらも徐々に売上が戻り、2020年8月には過去最高の売上を叩き出しました。その後も時短営業など強い縛りがあったにもかかわらず、売上の記録を更新し続けています。

フランスでは、2020年3月中旬から約2ヶ月間ロックダウンしました。それに伴い、パリ店は休業となってしまいました。しかし、5月になってロックダウンも緩和され、徐々に営業を再開していくと、翌月には前年同月比100％以上の実績を達成しました。その後も過去の売上を更新し続け、3度目のロックダウン後の2021年3月中旬からはテイクアウトのみの時短営業となったにもかかわらず、この月も過去最高売上を更新しました。

それに加えて「おむすびは健康食」として現地のパリコレモデルにも親しまれているそうです。

おむすび権米衛のSDGs

SDGsの観点で見ると、「おむすび権米衛」の取り組みは8「働きがいも　経済成長も」と15「陸の豊かさも守ろう」に当てはまります。それぞれを詳しく見ていきましょう。

（1）15番　陸の豊かさも守ろう

2020年までに、国際協定の下での義務に則って、森林、湿地、山地及び乾燥地をはじめとする陸域生態系と内陸淡水生態系及びそれらのサービスの保全、回復及び持続可能な利用を確保する。（SDGs169のターゲット15-1）

米作りにおいて農薬や化学肥料は最低限の量だけにとどめ、陸の豊かさが損なわれない農業を実践し続けています。

（2）8番　働きがいも　経済成長も

米農家の悩みとしてよく耳にするのは、「お米が安いこと」以上に、「価格が変動すること」への悩みです。

おむすび権米衛は、市場価格の変動に左右されることなく、農家がお米を再生産できる一定価格（再生産可能価格）で買い取り、農薬と化学肥料を一切使わない有機栽培米の場合はさらに高値で買い取っています。

平均買取価格の1・5倍の金額での買取は米農家の経済成長を実現させています。

こうした「環境保全型農業の推進」と「再生産可能価格の買い取り」という二つの取り組みは、「持続可能な農業をサポートしたい」という思いです。また、再生産可能価格でお米を買い取ることは、契約農家の経済的安定とやりがいや将来の希望につながり、後継者問題の解消にもつながっています。

さらには前述の通り、米農家にとっては「陸の豊かさを守る」栽培方法は、地域や地球の環境問題解決に日々の仕事を通じて取り組んでいることを意味しています。

このことは大きな「働きがい」をもたらします。

日本の食の根幹である米。その米を生産する米農家が「働きがいと経済成長」をともに実現できる仕組みをおむすび権米衛は構築しています。そしてこの仕組みは日本の食料自給率向上にもポジティブな影響を与えています。

日本の食料自給率向上と、食の面から見た国防は、米農家が儲かるようになることが、大きな一歩となるのです。


これらの一連の取り組みが農林水産省から評価され、2009年には第一回フードアクションニッポンで優秀賞を受賞しています。フードアクションニッポンは、後援や共催に農林水産省、内閣府、文部科学省、環境省が名を連ねており、食料の生産、流通、加工、そして消費に関わる全ての人々が国産食材を積極的に利用しようと取り組んでいる企業や団体の努力を応援したいという想いから立ち上がった賞です。

農林水産省からのおむすび権米衛への評価は受賞だけにとどまりません。

その表れの一つが、農林水産省の省庁内への「農林水産省店」の出店です。

創業当初から地道に積み重ねてきた、おむすびを通じての日本農業と米農家への貢献。

さらには「日本の食料自給率向上と米農家のさらなる発展」をゴールとして、そこから逆算して実行される日々のおむすび作りやサービスといった取り組みが農林水産省から認められているのです。

これだけでもインパクトは十分なのですが、実はこの「お墨付き」はブランディングにとって大変重要なことなのです。後の第五章において詳しく解説をしていきます。

2

有限会社COCO-LO
～一人ひとりが働きやすい環境づくり

「生きがい」と「働きがい」を両立する会社を実現させるための創業

介護業界において「働きがい」と「経済成長」を高いレベルで実現させている企業があります。

群馬県桐生市の有限会社 COCO-LO です。

COCO-LO の素晴らしさは、これまでの受賞歴や認証で一目瞭然です。

（以下ＨＰより抜粋）

２０１０年　日本生産性本部「ワークライフバランス大賞」優秀賞
２０１１年　厚生労働省「均等・両立推進企業表彰」ファミリー・フレンドリー企業部門　群馬労働局長優良賞
２０１２年　内閣府「カエルの星」認定
２０１３年　厚生労働省「キャリア支援企業表彰」厚生労働大臣表彰
２０１３年　中小企業庁「がんばる中小企業・小規模事業者３００社」選定
２０１４年　経済産業省「ダイバーシティ経営企業１００選」選定
２０１４年　厚生労働省「均等・両立推進企業表彰」ファミリー・フレンドリー企業部門　厚生労働大臣優良賞
２０１４年　厚生労働省「イクメン企業アワード」特別奨励賞
２０１５年　内閣府「平成27年度女性のチャレンジ賞」
２０１５年　経済産業省「攻めのＩＴ経営中小企業百選」選定
２０１５年　厚生労働省「パートタイム労働者活躍推進企業表彰」優良賞
２０１６年　厚生労働省「プラチナくるみんマーク」取得
２０１６年　厚生労働省「グッドキャリア企業アワード」大賞

有限会社COCO-LO創業者の雅樂川陽子社長は、ご自身が作業療法士の資格を持っていて、病院などに勤めていました。その中で、「女性が仕事に追われ、家族といる時間がままならない。そしてそれ以上に問題なのは、なんとか家族時間を作り出したとしても、自分時間を確保している人がほとんどいない」ということに気づきました。

そうして、誰もが生き生きと働けるようにという思いで立ち上げたのがCOCO-LOでした。

女性にとっては「仕事」も大切。「家族時間」ももちろん大切。そして同じくらい「自分時間」も大切だと、雅樂川社長は強く感じたと言います。

ではそのような会社がどこかにあるのか、あればそこから学ぼうと思ったのですが、なかなか見つからない。そうであればそんな会社を「自分が作ってみよう」と思ったのが創業の動機だと言います。介護業界全体に向けて「いい会社をつくり、その会社が伸びれば業界全体がいい方向に進む。そのためにもいい会社を作ろう」というやさしさが創業の原点です。

2005年に創業した当初のこと。その当時は女性社長が今ほど多くはなかったので、経営について学びを得ようと質問した相手はほとんどが男性社長でした。今ではあまり信じられませんが、この当時はまだ多くの方が「会社は大きくすることこそ大切で、働きやすい環境というものはそれほど考えなくていいのではないか?」という意識だったのです。

雅樂川社長はその後も、機会があるごとに先輩社長に質問をしましたが、やはり返ってくるのは同様の答えでした。

国が働き方改革を本格始動させる2019年4月より14年も前のことです。それまでほとんど前例のない取り組みであったため、「働きやすい環境は、もう自分たちで作っていくしかない」と決意したと言います。

創業して最初にぶちあたった壁、「働き手不足」

創業直後の訪問看護事業所には、なかなか人が集まりません。しかしスタッフの方と話しているうちに、ある仮説に思い至りました。

「看護師資格を持っているのに、今働いていない人は、もしかしたら小さいお子さんがいる人ではないか？」

そう考えたらすぐ、雅樂川社長は「小さい子供のいる女性にとって働きやすい制度とは何か」を考え、手探りで構築を始めました。

当時の日本の会社の勤務形態は8時間労働を前提とした正社員か、もしくはパート、アルバイトかの限られた選択肢でした。

しかし、看護師資格を持っているが働いていない人、つまり小さいお子さんがいる女性にとって働ける時間は「子供が保育園・幼稚園に登園してから、帰ってくるまでの間の約4時間勤務」だと閃いたのです。

そこで準社員としてその間だけでも働けるように社内環境を整えた他、土日祝日を完全に休日にしたり、子供の急病や行事の時は休みが取れるような制度を整えたところ、ものすごい数の応募が来るようになりました。

驚くべきは、ハローワークなどに求人票を出すだけで優秀な人が採用できているそうで、採用コストをほとんどかけなくて済んでいます。それもこれも、とにかく働きやすい会社ということが大きいのです。

また、子どものいる女性がハローワークなどに求職に出向くと、職員さんがCOCO-LOをオススメしてくれるとのこと。当初は介護職希望でない女性にもオススメしてくださり、求職者である女性も、会社の仕組みなどを聞くうちに応募したくなるようです。「COCO-LOは働きやすいと知られているので、募集を出すと数多くの介護に関する資格取得者の方から申し込みがあります。募集内容によっては1人の募集に対して、10名以上の応募が来たこともあります。

その方たちの中から経営理念に合致して人柄・能力ともに素晴らしい方を採用できるということが度々ありました。

このように、意欲も能力も十分にある人が、日本一働きやすい会社の仕組みの中で働き、サービスを提供する。利用者様も素晴らしいサービスを受けられる。三方よしを超えた四方よしを体現しています」

雅樂川社長はこう語りました。

さらにその社員制度はブラッシュアップされ、遠方の保育園や幼稚園に子供を預けているスタッフの要望を受けて、同じ4時間であっても勤務のスタートと終了の時刻を任意に選べる仕組みに変えたそうです。

子供が大きくなり、手がかからなくなったスタッフから「準社員から正社員に変われないか」という希望があり、正社員、準社員、パート・アルバイトを年一回任意に選べる制度も作りました。

この制度は子供だけでなく、親の介護をする必要に迫られたスタッフや、親の介護が終了したスタッフにも喜んでもらえたとのことです。

こうした雅樂川社長の理念や一連の取り組みは、ご自身の書籍『ココロソダテ』（２０１７年、パリッシュ株式会社刊行）に詳細が綴られています。雅樂川社長のエネルギッシュだけど優しいお人柄がよくわかる、素敵な作品です。

COCO-LOの制度や職場環境のレベルは贔屓目なしに非常に高く、実際に企業や自治体からも「どうやったらできるのか」という問い合わせも多いようです。それもあってCOCO-LOは、数年前から制度導入のサポートサービスをスタートさせました。

私自身も、雅樂川社長は働きやすい仕組みづくりのトップランナーであり、この素晴らしい仕組みを世に広げていかなければもったいないとずっと思っていたので、これは本当に良い取り組みだと思っています。

スタッフとの信頼と絆

COCO-LOで働くスタッフにとって、「仕事時間」「家族時間」「自分時間」をともに充実させる取り組みはいくつもありますが、それに関連するエピソードで、私が最も感動したものを一つ紹介します。

それは、COCO-LOで働くとある女性スタッフが、重い病気にかかった時のエピソードです。

＊

その女性スタッフはある時、長期に治療が必要な病気の診断を受けました。病院の主治医の先生と話した時の様子を、雅樂川社長に伝えたと言います。

主治医の先生は、彼女に「あなたの病は治る。命に別状はないでしょう。大丈夫」と優しく言ったそうです。そして、こう続けました。

「私が心配しているのは回復後のあなたの仕事です。

このご時世、どこの会社も病気とはいえ長期で離れ、他の方が代わりに働いてしまえば、思うように仕事に復帰できなくなることが多くあります。

あなたは治るからこそ、仕事の復帰について、今お勤めの会社（COCO-LO）の社長と話された方がいいと思います」

この話を受けて彼女は、心配してくれている主治医の先生にこう答えました。

「先生、私の働く会社は大丈夫なんです。私たちが働きやすい仕組みをどこよりも考えてくれています。私が病気から回復して戻ったら、働かせてくれます。

いきなり長時間働くのが難しくても、それに合わせて勤務形態を選ばせてくれます。

本当にいい会社です。何も心配ありません」

「それならあなたはご自分の病気に向き合うことができますね」

「はい、自分の体のことに専念できます」

＊

この話を私に話してくれた時の雅樂川社長の目は、とても強く優しく、涙で潤んでいました。

そして雅樂川社長は私に向かって、このように続けたのです。

「前例のない働きやすい会社づくりは本当に大変だったけど、私、この話を聞いて、本当に働きやすい会社づくりをしてきて良かったなと、そう思いました」

COCO-LO の制度や雅樂川社長の理念をＳＤＧｓの目標に当てはめて考えると５「ジェンダー平等を実現しよう」と８「働きがいも経済成長も」になります。これらを高いレベルで実現しているこの取り組みは、多くの企業にとって大変参考になるものと言えるでしょう。

そして何より、前例のないところからずっと、試行錯誤しながらも先頭ランナーとして走り続けてきた雅樂川社長と、そこで毎日働くスタッフの皆さんに対する私の気持ちは、リスペクトそのものです。

3

きぬのいえ　～捨てるなら、染めよう

ファッション業界における貢献企業への追い風

埼玉県北部に位置する約人口3万人のまち、寄居町に、古来より伝承されてきた染物業界に革新を起こす企業「株式会社きぬのいえ」があります。

きぬのいえの吉田昌弘社長は、染色の高い技術を活かし染め直しを行う「SOMA Re:」（ソマリ）という取り組みを開始しました。

「SOMA Re:」は、古くなったり、長年着用する中で色焼けやシミで着られなくなった

服を染め直し、シャツやパンツ、ブルゾン等のファッションアイテムの持続可能性を高めるものです。

「捨てるなら、染めよう」というコンセプトで、服を大切にし、地球資源を大切にすることにつながります。

「SOMA Re:」は今、多くの方々に注目されています。ファッション業界においてラグジュアリーブランド・一流ブランドと呼ばれるブランドのシャツやパンツ、ジャケットや、世界的に人気のストリートブランドのTシャツといったトップメゾンからカジュアルブランドまで幅広く持ち込まれて染め直され、新たな命を吹き込まれています。

50年経った、お母さん手作りのドレスを染め直した方もいらっしゃいます。

服を買い替えるのではなく、愛着ある服を染め直し、再生させるこの取り組みは、広く共感を得て多くのメディアでも取り上げられました。

日本テレビ「NEWS24」、テレビ朝日「スーパーJチャンネル」、フジテレビ「ライブニュースイット！」、テレビ埼玉「ニュース545」、日本経済新聞、朝日新聞夕刊（東京本社版）、埼玉新聞、男性ファッション誌「UOMO」（集英社）といった全国ネットのテレビ番組や地域新聞などさまざま。これらで取り上げられたパブリシティ効果を、広告宣伝費に換算するなら、ざっと数億円単位に相当するはずです。しかし実際には広告費はかけてはいません。

このように広告宣伝費をかけずとも、メディアでポジティブな取り組みとして取り上げられることもあります。いいイメージで広く認知してもらえるのも、環境や社会への貢献につながる取り組みをしている企業が享受できるメリットであると言えます。

マスコミのお墨付きを得る

ブランディングの観点から、メディアに取り上げられることの意義を考えてみましょう。ブランディングには、お墨付きを得ることが不可欠であることは前述の通りです。

本書では、おむすび権米衛の農林水産省、COCO-LOの厚生労働省や経済産業省、群馬県の話をさせていただきました。そしてきぬのいえでは、テレビ局、新聞社、出版社といったメディアがお墨付きを与えてくれたと言えるのです。

ただ単に有名になる、認知度が上がるということにとどまりません。

メディアにしてみれば、信頼できないとわかっている企業のことを取り上げることはありません。メディアに取り上げられるということは、メディアからのお墨付きを得られたということとイコールです。

そしてそれがＳＤＧｓという、環境と社会に対してポジティブな取り組みを行うという内容であれば、その企業や団体に対する信頼とブランドイメージは、限りなく高まると言えるのではないでしょうか。

また、きぬのいえのお墨付きはメディアだけにとどまりません。中小企業庁が出した「２０２１版小規模企業白書」でもＳＤＧｓのモデル企業として取り上げられています。

きぬのいえのＳＤＧｓ

きぬのいえの取り組みをＳＤＧｓの項目に当てはめると、8「働きがいも経済成長も」と9「産業と技術革新の基盤をつくろう」と12「つくる責任　つかう責任」になります。

さらにそれぞれを169のターゲットに当てはめると次のようになります。

8　働きがいも経済成長も

2030年までに、世界の消費と生産における資源効率を漸進的に改善させ、先進国主導の下、持続可能な消費と生産に関する10カ年計画枠組みに従い、経済成長と環境悪化の分断を図る。（8－4）

9　産業と技術革新の基盤をつくろう

2030年までに、資源利用効率の向上とクリーン技術及び環境に配慮した技術・産業プロセスの導入拡大を通じたインフラ改良や産業改善により、持続可能性を向上させる。全ての国々は各国の能力に応じた取組を行う。（9－4）

12　つくる責任　つかう責任

2030年までに天然資源の持続可能な管理及び効率的な利用を実現する。（12－2）

２０３０年までに、廃棄物の発生防止、削減、再生利用及び再利用により、廃棄物の発生を大幅に削減する。（12―5）

持続可能性の高い産業が増えた時代は、平和な時代

きぬのいえが展開するサービス「SOMA Re:」の、「捨てるなら、染めよう」というコンセプトと取り組みは、洋服やファッションアイテムの持続可能性を限りなく高めるものです。しかもそれだけでなく、ファッション産業という業界全体の持続可能性も高める取り組みであるとも言い換えられます。

産業構造とコストで考えてみても、これまでの大量消費社会では、製品を作って販売するところまでは利益も生み出すことができ、経営として成り立っていました。

しかし、新製品を買っていただいた後のリユースやリデュース、そしてリサイクルの、3Rと呼ばれる部分に関しては、コストがかかりすぎるという課題がありました。つまり事業として取り組んだとしても利益は少ないため赤字となり、世の中にとって必要な

ことだとわかっていても、継続して行うことが難しかったのです。

しかし、社会も変わり、我々生活者の意識も変わっていく中で、また技術の進歩などによってコスト自体の削減と、コストを吸収できるだけの事業性が生み出されていきました。

さらには、ＳＤＧｓに取り組む企業に対するイメージ向上や応援消費が起こったことも追い風となっています。

これらのことにより、『新製品を作って売って終わり』という事業環境だったのが、購入された後も、染め直したり作り直したりするという工程が低コストでかつ高いレベルで実現可能になったため、一連の事業として成立するように変わってきました。

ファッション産業においては染め直しだけでなく、すでにリサイクルダウンについても事業性が確立されています。リサイクルダウンとは、ダウンジャケットとして販売され、数年間着用して捨てられたものから羽毛（ダウン）を取り出して集め、洗浄し直し、新たなダウンジャケットに活用するというものです。

着古したダウンジャケットだけでなく、使用済みの羽毛布団から取り出した羽毛も、リサイクルダウンの羽毛として再利用されています。

ファッション感度の高い若者が好むセレクトショップで販売されるダウンジャケットだけでなく、現在では大手ファストファッションブランドでも、リサイクルダウンは事業として確立してきています。

消費者にとってのリサイクルダウンのメリットは、その品質と価格にあると言われています。

羽毛を洗浄するという工程は、しっかり洗って微細な不純物を取り除くほどに品質が上がりますが、一方で、何度も何度も洗浄すればコストが積み重なります。

リサイクルダウンのいいところは、最初の製品化の時点で、合格点となるレベルにまで品質を高めた羽毛を、再度洗いをかけることで、羽毛の間に残っていた微細な汚れを清掃できることだと言います。

もしかしたら羽毛だけではなく、リサイクルによってより品質を上げていけるものが、まだ他にもこの世の中にはあるような気がします。

これまではコストのために泣く泣く取りやめていた工程を、妥協することなく行い、それによって消費者や社会に対してより高品質な製品を提供できるのであれば、それはとても夢のあることです。

ファッション産業では、リサイクルという行為はもはや「べき論」ではなく、一つの事業として採算の合う時代へと変わっています。

この流れがより強まっていくのであれば、今はまだ想像ができないようなものまで使用済みのものが集められ、洗浄やお直しなどの工程を経て、新たな命を吹き込まれていくことでしょう。

この流れが強化されていくと、ＳＤＧｓのウエディングケーキモデル（１８３ページ図参照）の第一階層である環境を豊かにしていくことへとつながっていきます。

ＳＤＧｓのウエディングケーキモデルでは、このようなことが言われています。

「豊かな環境の上に、持続可能性の高い豊かな社会が成り立つ。豊かな社会の上に、持続可能性の高い豊かな経済（経営）が成り立つ」

また、リサイクルが事業として成り立ち、大きな利潤を生む社会に変わっていけば、単に自然環境にいいだけではありません。第二階層の社会においても、様々な問題を解消するその糸口となっていくことが予想されます。

大量消費社会は、大量の資源を使い捨てるところに問題の根本があります。

少し話は変わりますが、これまでの歴史を振り返ってみると、それまで平和に暮らしていた人々が、ある日突然迫害にあう時の原因に共通点があることがわかります。それは、その人たちが生活していた土地から、新たに石油や希少性の高い資源が見つかるということです。

そしてその資源を奪いたいと考えた人たちが、その土地を略奪しようとすることをきっかけに、数多くの悲しい歴史が生み出されてきました。

もしも土地に眠る資源を採掘して使い捨てるよりも、使用済みのものを集めてリサイクルした方がコストもかからず儲かるのであれば、土地や資源を略奪しようとする人や組織は次第に減っていくはずです。

コスト構造が変われば、多くの争いの大もとは消えて無くなる。

これは叶うはずのない夢でしょうか。私はそうは思いません。リサイクル社会の到来は、環境を豊かにするのみならず、社会における争いを減らすきっかけにもなると本気で考えています。

ここで一つ質問です。日本における天下泰平の時代といえば、どの時代を思い浮かべるでしょうか。きっと、戦国の世を終わらせ、その後２００年もの間、大きな争いのなかった江戸時代を思い浮かべることでしょう。この江戸時代という時代は、日本の歴史の中でも類稀なリサイクル時代でもありました。

例えば使用済みのろうそくの蝋を集める専門の職がありました。集められた使用済みの蝋は、リサイクルされ、新しいろうそくへと生まれ変わり販売され利益を生み出しました。

他にも、使用済みのわらじを集める専門の職がありました。履き潰れてボロボロになったわらじは集められ、田んぼにまかれて肥料になったのだと言います。このリサイクルもまた、利益を生み出す立派な仕事だったのです。着古した服も、もちろんリユースされていました。

江戸時代はまさにリサイクル社会で、数多くのリサクル・リユース業種が職業として成り立っていたと言います。非常にサスティナビリティの高い時代だったのです。

その江戸時代は、争いのない時代が２００年続きました。そしてそれだけでなく、江戸時代の中心都市であった江戸のまちは、当時の世界の都市と比べても、とても高度に発展したまちであると言われています。

享保期《きょうほう》（１７１６~１７３６年）頃には江戸の人口は１００万人を超えたと言われています。１８００年頃、北京の人口が90万、ロンドンが86万、パリが54万と言われていますので、江戸のまちは江戸時代中期には世界的に見ても北京やロンドンを超えるほどの人口を抱える「大江戸」と呼ぶにふさわしい巨大都市であったと言ってよいでしょう。

リサイクルが高度に発達していた江戸のまちが、人口１００万人を超える世界一の発展を遂げていたという事実。

循環型社会と発展は両立することを表しているように思えてなりません。

歴史には学ぶところがとても多くあります。

限りある資源はいつだって争いの種になってきました。多くの人が傷つき、悲しんできました。

しかし、その貴重な資源をリサイクル、リユースすることで多くの人と共有できるようになれば、世の中の争い事も少しずつ、確実に減らしていけるんじゃないかと、私は本気で考えています。

きぬのいえの取り組みは、そうした意味で大変ＳＤＧｓ的であると言えます。

4

世嬉の一酒造 ～震災やパンデミックに悩む人々に貢献する

岩手からグローバルへ

本章に掲載する企業の事例は、私がこれまでにコンサルタントとして経営に携わった企業ですが、この「世嬉《せき》の一《いち》酒造」はそうではありません。私がかつて在籍していた船井総合研究所で、ともに働いていた当時の仲間が経営している企業です。コンサルタントとして携わっているわけではありませんが、縁があってやり取りをするようになりました。そして、やはり素晴らしい取り組みをしているため、本書で取り上げさせてもらうことになったのです。

世嬉の一酒造は岩手県一関市に本社を構える企業です。１９１８年（大正7年）から続いている、１００年企業です。「世嬉の一」という企業名は閑院宮様から受けた名前です。現在の佐藤航社長で四代目になります。

現在は酒造を営み日本酒を製造する他、クラフトビールブランドを立ち上げてビール製造を行ったり、それらのお酒と、お酒に合った食事を楽しめるレストランの運営も行うなど、非常に精力的に事業を展開しています。

以前に、世嬉の一酒造のある岩手県一関市で、地元の金融機関が主催する地方創生セミナーに講師として呼ばれたことがありました。

セミナー講演前に、主催する金融機関の方と話していたところ、私のプロフィールを見て「船井総研出身の方といえば、地元、世嬉の一酒造の佐藤社長もそうですね。佐藤社長には地方創生で、一関市に多大なる貢献をしていただいています。一関市だけではありません、三陸海岸の牡蠣養殖業など、広く助けていただいています」と話されていました。

世嬉の一酒造はただ美味しいお酒を作るだけではなく、その取り組みとコンセプトは大変ユニークかつ、素晴らしいものです。

新商品を投入するタイミングやまたは新商品そのものが、常に「貢献」とセットになっているのです。

例えば2011年3月の東日本大震災で、岩手県は全域にわたって甚大な被害を受けました。一関市は内陸に位置するため津波の被害こそなかったものの、世嬉の一酒造も自社の店舗や醸造設備に大きな被害を受けました。工場内は配管が損傷したりタンクが倒れるなど、とても醸造を再開できる状態ではなかったようです。実際に醸造を再開できたのは5月になってからでした。

しかし、幸いにも大きな人的被害はなかったことと「何かしないと不安で仕方ない」という思いから、佐藤社長は近隣の都市への救援物資輸送に参加したと言います。

また、近隣の被災地を回る中で「被災した人たちが立ち直るには、収入面だけではなく精神的にも仕事が必要だ」と考え始めるようになりました。その思いから、自社で日本酒を醸造する時に出た酒粕から入浴剤を製造するプロジェクトを立ち上げました。許認可の関係でプロジェクトは一時的な取り組みとなりましたが、製造された入浴剤は全国各地で販売されて好評を博したようです。

そして醸造を再開してからは、商品を通して地域の事業者への貢献となる取り組みを始めました。もともと世嬉の一酒造は地元三陸広田湾の牡蠣をふんだんに使用した「オイスタースタウト」というクラフトビールを開発するなど、地域の資源や名産を活かした商品開発を行ってきました。このオイスタースタウトにしても、震災で多大な被害を受けた陸前高田で採れた牡蠣を使用しています。

地元で採れた牡蠣という資源を存分に活かし、全く新しい観点で商品を生み出す姿勢は、とてもSDGs的であり、またサーキュラーエコノミー（循環型経済）の観点でも合致しています。

このビールは海外のジャーナリストが執筆した『死ぬまでに飲みたいビール1001本』（2014年、KADOKAWA刊行）という本にも掲載されるなど、グローバルな評価も得ています。

東日本大震災からの復興を願う「福香《ふっこう》」ビール

世嬉の一酒造が力を入れる取り組みは、地元の名産にこだわった商品開発だけではありません。いまだ終わることのない東北の復興に、お酒作りで貢献していこうという姿勢を持っています。

その一つに、「福香《ふっこう》」ビールがあります。この「福香」ビールの製造過程は非常にドラマチックであり、そして貢献的なものでした。

岩手県盛岡市には「石割桜」という樹齢360年はゆうに超える立派な桜の木があります。石割桜は天然記念物に認定されており、観光スポットとしても有名です。

この桜の木から採取した酵母を、県の支援を受けた北里大学の研究所で培養・管理をしていました。しかし東日本大震災で、酵母を管理していた冷蔵庫が流出してしまったのです。

その後、酵母はなんとか無事に発見され、培養は継続されました。しかしその研究を続けるさなか、実はこの酵母がビールやパンの製造に非常に向いているということがわかってきたのです。

それで研究所からこの酵母を活かしたビール作りの話がきたと言います。試行錯誤の末、開発に至ったそのビールを、「福香」と名付けました。

また、震災から10年を迎えた2021年3月には、世嬉の一酒造はじめ10社を超える東北六県のクラフトビールメーカーが一丸となり、それぞれの地域のお米を使ったクラフトビールの販売をスタートしました。それぞれ非常に好評を博したようでした。

近年では、新型コロナウイルスによる酒類提供禁止で苦しむ飲食店の、お困りごと解消に役立つ業務用商品として、ノンアルコールビールの大量製造なども企画し発売しています。

世嬉の一酒造のＳＤＧｓ

こうした数々の取り組みをＳＤＧｓに当てはめてみると、11「住み続けられるまちづくりを」と12「つくる責任　つかう責任」を果たしています。細かくみてみましょう。

11　住み続けられるまちづくりを

この項目のターゲットの一つである11-5は次の通りです。

「２０３０年までに、貧困層及び脆弱な立場にある人々の保護に焦点をあてながら、水関連災害などの災害による死者や被災者数を大幅に削減し、世界の国内総生産比で直接的経済損失を大幅に減らす。」

東日本大震災の直後は、東北地方の漁業関係者が一時的に貧困状態に陥りました。また漁業関係者以外にも、脆弱な立場に立たされた事業者が数多くいました。その時に、水産物を素材として使うビールや日本酒の新商品企画、製造販売を通じて新たな仕事を生み出し、雇用を創出して、住み続けられるまちへと復活の足がかりを作ったのが、とてもSDGs的です。

12　つくる責任　つかう責任

SDGs目標12番の実現方法の一つである12-bの記載は、次の通りです。

「雇用創出、地域の文化振興・産品販促につながる持続可能な観光業に対して持続可能な開発がもたらす影響を測定する手法を開発・導入する。」

測定する手法を開発・導入というプロセスは、民間企業1社ではなかなかなし得ることは現状できていませんが、その前段階となる地方の文化振興・産品販促につながる取り組みは既に実施済みです。

またコロナ禍においても、ノンアルコールビールの製造を通じて飲食店の応援をしたり、自社で運営するレストランでは「ちんもくカフェ」と題したイベントを開催するなど、その時々の話題を先取りしたアクションは、目を見張るものでした。

これらの取り組みはメディアに記事が掲載されるなどして、一関市の交流人口増加に貢献しています。

世嬉の一酒造は、日本のクラフトビール業界で最初のモンドセレクションの金賞受賞や、２００８年にはワールドビアカップで表彰をされるなど、高い評価を得ています。

受賞の数々は品質の高さを表すのはもちろん、ブランドとしての確かさを表すお墨付きとなっています。

自社の儲けだけでなく、貢献と儲けを両立させるアクションを起こす会社には、ブランディングの観点でも応援の風を作り出す力があることを物語っています。

5

ブレインフォレスト
〜ＳＤＧｓで業界イメージを変革させる

日本の技術を世界へ広める

愛知県春日井市に本社を構える解体業の「ブレインフォレスト」。事業コンセプトとして「解体屋らしからぬ解体屋」を打ち出しています。

従来の解体業の範疇にはおさまらず、その枠組みを超えた社会貢献、自然環境への貢献を行っている企業です。その取り組みや、背景にある理念はとてもＳＤＧｓ的です。

能森亮輔社長は２０１４年にブレインフォレストを設立しました。

それから4年後には外国人雇用をスタートさせました。日本の解体業は、世界的に見ても先行したノウハウを持っており、その仕事の進め方を海外の人たちにも伝えていく一環として、現在も積極的に外国人スタッフの雇用を行っています。

これはＳＤＧｓ目標の４番「質の高い教育をみんなに」に合致するものです。また、この取り組みには同様にＳＤＧｓ目標の10番である「人や国の不平等をなくそう」という思いも込められています。


２０１９年には解体・リフォーム・不動産の三本柱を確立し、より循環型社会に寄与する事業体制としています。

解体をして終わりではなく、建物の持続可能性を高めることにつながる事業として、リフォーム業も立ち上げました。

リフォームの仕事の中で出てきた廃棄物は解体業の仕事として扱います。解体業とリフォーム業をコラボレーションさせることで、今までであれば廃棄に回っていたものが、リフォームの中で新たな役割を与えられ、廃棄物を減らすことへとつながります。

さらに不動産業も併せて行うことで、リフォーム物件の取り扱いが増えれば、さらに廃棄物も減ります。新築に比べて建物の持続可能性が高いリフォーム物件の流通量を増やしていくというビジネスモデルは実にSDGs的です。

廃棄物を管理し、「住み続けられるまちづくり」を進め、天然資源の持続可能な管理を行うことでSDGs目標の12番「つくる責任　つかう責任」を実践しています。

2020年にはリユース事業に参入を果たし、廃棄物管理と廃棄物削減レベルを引き上げました。

さらには中国内モンゴル地域の砂漠地帯に、年に1万本以上の植林を実施します。まさに理念に掲げる「解体屋らしからぬ解体屋」を実践しています。

能森社長自身も、かねてから解体業界のネガティブなイメージをなんとかしたいと感じていました。不法投棄や自然破壊につながるようなニュースばかりが取り上げられ、「そんな業者ばかりじゃないのに」と胸が痛むこともよくあったと言います。

しかしこのような取り組みを通じてそんなイメージを払拭し、「地域や地球に貢献する解体業」の新しい業界のあり方をクリエイトしています。

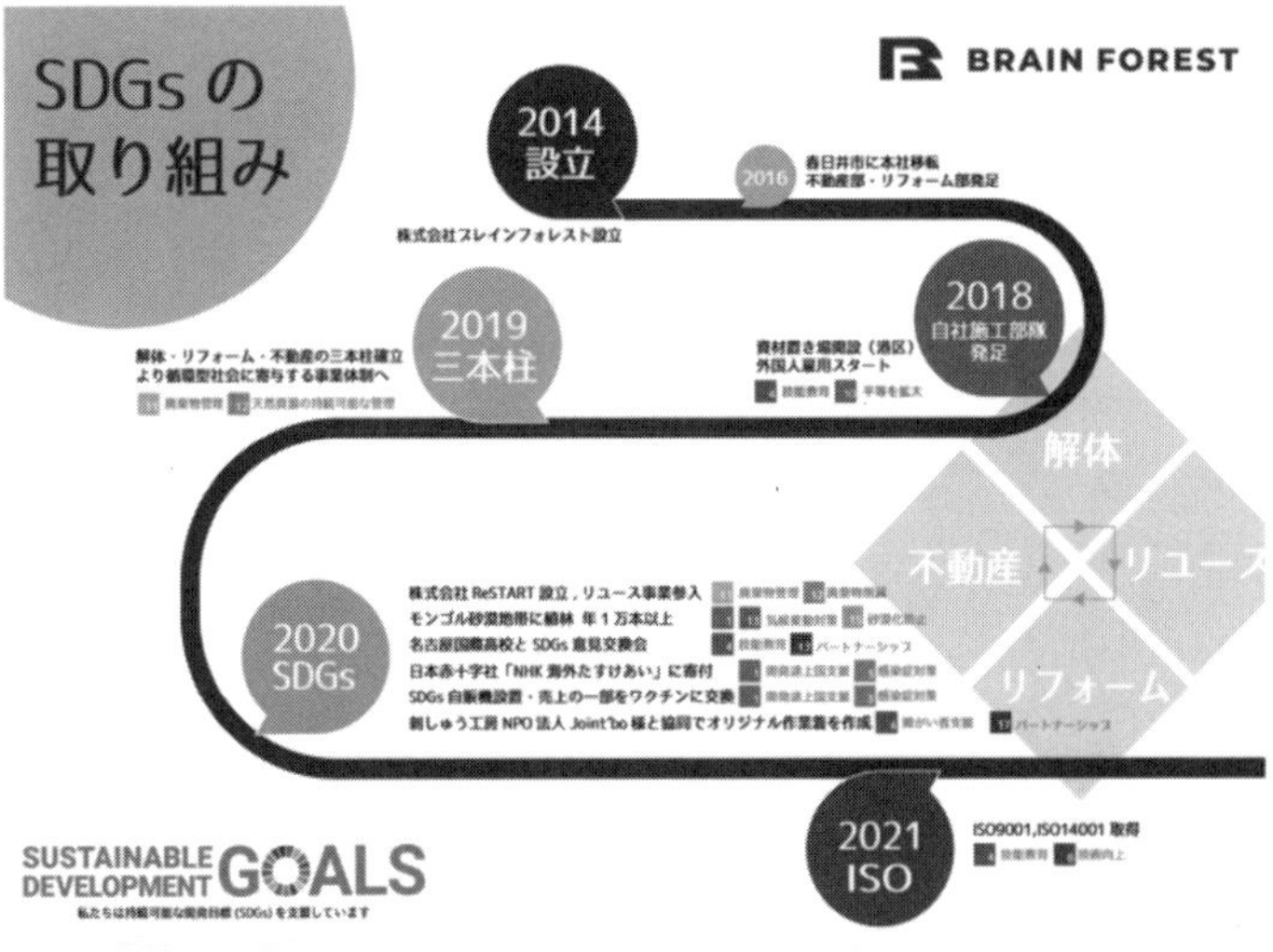

ブレインフォレストHPより
許可を得て掲載

今後は解体業、リユース業のノウハウを活かし、不法投棄などの社会問題解消を視野に地域貢献を進めていく計画も立てています。

自社の業績が伸びれば伸びるほど、貢献の取り組みも広がっていくという、企業と地域がともに伸びていく事業モデルの創造を進めています。

6

86farm＆まころパン～2人で始めた取り組みが、日本全国へ

自然に、人に優しいパン作り

京都府福知山市から、とある取り組みが、全国ネットのメディアに取り上げられました。

農薬を使わず、肥料も使わずに育てた野菜や、生産者の顔が見える材料を使ったパンを手作りしているパン屋さんです。その名も「86farm ＆まころパン」。驚くべきは、彼らは夫婦のたった二人で営んでいる事業であるということ。そして、テレビをはじめ、

全国ネットに載った時の広告費が一切ゼロ（！）であったことです。

品質の高さもあり、地元、福知山市ではもともと人気だったのですが、テレビに取り上げられたことが契機となり、商品は全国区で認知されることとなりました。こだわった材料で作っているため生産できる数も限られることもあり、連日売り切れが続いています。味が良くて人気なのもあるのですが、ギフトとしての売り出しもしていて、それがとても好評を博しています。

岩切啓太郎、康子夫婦が福知山市で就農したのが２０１８年、そして「まころパン」をスタートさせたのが２０１９年。しかも無農薬の生産者自体は、今となってはさほど珍しいものではありません。それなのに、なぜこれほどまでに注目を集めたのでしょうか。

そこには、やはりＳＤＧｓがあったのです。

まず、地域の、そして地球の環境を守るために農薬や化学肥料を使用しない農業を行うことを掲げました。これだけでも実は大変なことなのですが、彼らの特徴的な取り組みはここからです。

日本はかつてから、食品ロスの問題が取り沙汰されていました。大量生産・大量消費の最たるものである食品。我が国では今も年間で６００万トンもの食品ロスが起こっています。（平成30年度推計、農林水産省）

一方で世界に目を向けてみれば、発展途上国では餓死している人がいる。とても歪な構造になっており、日本だけではなく、世界中で解決すべき大きな問題の一つなのです。

岩切夫婦はそこで、食品ロスを出さない仕組みを考えました。例えばパンを焼いたら、急速冷凍して販売・発送することで賞味期限切れのパンを出さないようにしました。また、店頭販売で余ったものは、売れ残りパンの専門通販サイトで販売することで、食品ロスに取り組んでいます。

それだけではありません。岩切さんが生活する福知山市の、地方創生を実現するような取り組みも積極的に行なっています。例えばSNSで自分たちの取り組みを発信したりして、都市部の人たちに商品を知ってもらうことで、福知山市への観光人口増加に寄与しています。

ざっと解説しましたが、これらは彼らの取り組みの一部です。全てを解説することができないくらい、積極的にＳＤＧｓに取り組んでいます。ＳＤＧｓの17の目標の項目で言うと、２「飢餓をゼロに」、３「すべての人に健康と福祉を」、５「ジェンダー平等を実現しよう」、８「働きがいも経済成長も」、12「つくる責任　つかう責任」、14「海の豊かさを守ろう」、15「陸の豊かさも守ろう」に当てはまります。

数千万円の広告価値

こうした取り組みがメディアの注目を集めるのも当然のことと言えます。数多くのテレビから取材の申し込みがあり、これを広告費用に換算すると、約２０００万円もの金額に上ります。しかも本書執筆中もリアルタイムで取材があり、現在も引っ張りだこです。

メディア効果で有名になっているだけではありません。岩切さんが作る丹波栗を使った通称「栗パン」は、２０１８年に、福知山市が主催する創作スイーツコンテストで最優秀賞を受賞しました。美味しいと、認められたと言うことです。

この最優秀賞を受賞したことで福知山市のバックアップのもと、その年に福知山市で開催された将棋の竜王戦で、棋士たちのおやつメニューにも選ばれ、非常に人気を博しました。

このように、ＳＤＧｓの取り組みを起点にして「まごろパン」は大きく注目を浴びることになりました。ＳＤＧｓ自体に特許はなく、いつでも、誰でも始めることができます。岩切夫婦の取り組みは、大変参考になることでしょう。

しかし、岩切夫婦が作るパンは、社会への貢献度も高いのですが、シンプルにとても美味しいというのが大きなポイントです。そこだけは真似できないところと言えるでしょう。

パンを買ってくれる目の前のお客様に喜んでもらうことが、結果としてより良い世界の創造につながっていく。それはとても素敵な世界だと、私は強く思うのです。

SDGsの考えは、
業態問わず事業に活かせる

広告費用をかけず、
全国レベルで注目されるきっかけになる

『SDGs実践モデル企業・モデル団体の取り組みを体感できる』SDGs VR（バーチャルリアリティ）QRコード

https://online360.jp/sdgs/?utm_source=sdgs&utm_medium=qrcode&utm_campaign=sdgs#touchdown

第四章：団体や金融機関が行う
SDGs研修モデル

この章では、私が携わっている静岡県と山梨県の団体で実際に行った
内容をもとに、各機関におけるSDGs導入についてご紹介いたします。
※掲載している情報は2021年9月現在のものです。取材の上、許諾を得て掲載しています。

静岡県産業振興財団

1

公益財団法人が主導するＳＤＧｓ

1「国際的なルールが決まる」
2「国内の制度が決まる」
3「補助金決定」
4「市場が生まれる」

ビジネスの世界では、常にこのようなステップがあります。

新たな市場が生み出される４ステップ（著者作成）

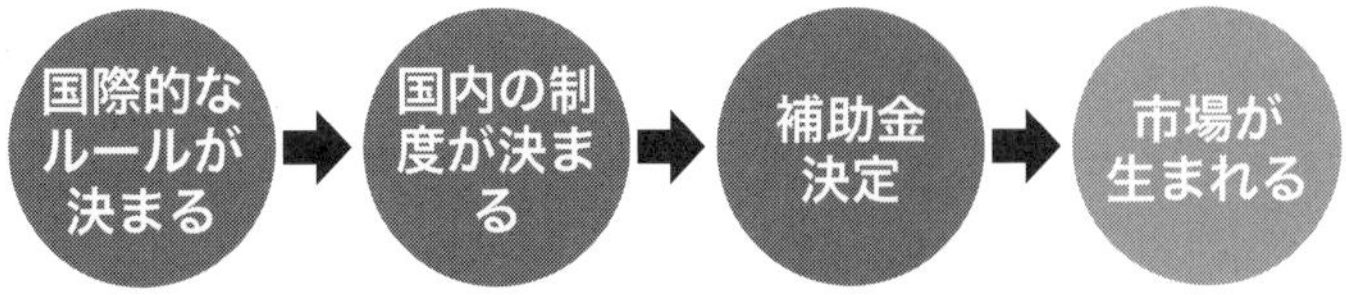
国際的なルールが決まる
国内の制度が決まる
補助金決定
市場が生まれる

1997年国立京都国際会館で開かれた「第３回気候変動枠組条約締約国会議(COP3)」で議決。2005年に発効となった。

2009年には余剰電力買取制度が始まる。

「FIT法」と呼ばれる固定価格買取制度。

国からの補助金制度やグリーン投資減税。

これを京都議定書を例にすると、次のようになります。

ステップ1「国際的なルールが決まる」

１９９７年（平成９年）12月に京都市の国立京都国際会館で開かれた第３回気候変動枠組条約締約国会議（ＣＯＰ３）で議決となり、２００５年に発効

ステップ2「国内の制度が決まる」

２００９年には余剰電力買取制度導入。２０１２年にＦＩＴ法と呼ばれる固定価格買取制度が始まる。

ステップ3「補助金決定」

国からの省エネ補助金制度の制定やグリーン投資の減税

ステップ4「市場が生まれる」

太陽光発電モジュールや風力発電機　販売・設置

この流れに日本国内におけるSDGsの状況を当てはめてみると、現在はステップ2まで進んできています。ここからさらに大きく市場を生み出していくためには、ステップ3「補助金決定」が待ち望まれていました。

これまでも日本国内では、SDGsを学ぶ講師料や講師交通費に充当する補助金はあるにはありましたが、学んだ後に実践するために必要なハードやソフトを準備するための補助金はなかったようです。

SDGs自体が環境から社会、そして経済や平和へと幅広い領域にまたがっているため、柔軟な補助金の登場が待たれていました。そして日本では初の、幅広く柔軟なSDGs補助金が静岡県から誕生したのです。

補助金の内容は以下の通りです。

上限補助金額・助成額　　２００万円

補助率　助成対象経費の3分の2以内
補助対象経費　原材料費、機器購入費、施設改修費、外注加工費、委託費、専門家謝金、専門家旅費、調査研究費、会場借料、会場整備費、広告宣伝費、その他対象事業への使途が特定できるもの

静岡県で始まったＳＤＧｓ補助金と支援事業が、他の都道府県へと広がることで、日本のＳＤＧｓは飛躍的に進むことと思います。

参考：公益財団法人静岡県産業振興財団　ホームページ

日本におけるＳＤＧｓはまさに夜明け前

静岡県産業振興財団の支援は、初年度（令和2年）には6社が取り組み、その実績報告会が行われました。ここでは3社の取り組みを抜粋して紹介いたします。

（1）株式会社季咲亭

放置竹林の竹を伐採してメンマを作るという取り組みをされた企業です。竹は全国的に、生産者の高齢化などを理由に、竹林が管理されずに放置されているケースが増えています。竹は根を浅く張るため、土砂崩れの原因になることもあります。株式会社季咲亭の小泉幸雄社長は、「竹が放置される前に管理・収穫すれば竹害を減らせる」と考え、初年度は2tの竹を伐採してメンマを作りました。一年間かけて販売する予定でしたが、実際に始めてみると、東京のバイヤーから注文が入るなどして三ヶ月で完売しました。二年目は、10tの竹を伐採して、10t分の竹からメンマを作る計画で動き始めています。売上の中から、竹の伐採隊へお金を支払い、人件費に当てるというスキームで、メンマが売れれば売れるほど、翌年はより多くの人でより広範囲の放置竹林の伐採を行える仕組みを構築しています。まさに貢献と儲けの両立です。これは社会課題解決と経済的発展の両立とも言えます。

（2） 良知樹園株式会社

庭木の里親サービスというユニークな取り組みを行っています。本業は造園業ですが、庭のある立派なお屋敷が相続によって、売られたりマンションに建て替えられたりしていく中で、なんとか新しい事業を始めないと、と模索していた時期でした。

また、庭に植えられた樹齢数十年という立派な木が、土地売却や建て替えにより切り捨てられてしまうのに非常に心を痛めていたようです。

「歴史のある銘木を後世へ引き継ぎたい」

その思いから至ったのが、庭木の里親サービスでした。庭木を処分したい人と、欲しい人のマッチングをするというものです。

地球環境というマクロな視点で見ても、銘木を引き継ぎ、さらに大きく育てていく事業の意義は大きいものと言えます。

(3) 加和太建設株式会社

ビール粕（麦芽粕）の活用による、資源循環サイクル形成と地域経済の活性化に貢献する取り組みをした企業です。産業廃棄物として扱われているビール粕を家畜の飼料として活用し、収穫物をレストランで提供するという形を構想しています。資源循環サイクルの確立には、環境問題や社会問題を解決させる力があります。

ゴミ問題や、プラスチックの海洋汚染問題は、循環しないことが問題の根本にあります。逆に言えば、循環サイクルが確立されていると、環境問題や社会問題は解消へと向かうのです。

また、ファッション業界のリサイクルで前述の通り、「作って売って終わる」モデルよりも、「作って売って使ったものを集めてリサイクルして売る」モデルの方が、環境と社会に優しいビジネスモデルとなります。

加えて、後者のビジネスモデルは、売って終わりのビジネスモデルよりも、巻き込む人や企業の数も多く大きくなり、生み出す経済価値も大きくなります。

まさにSDGsのウエディングケーキモデルが示す通りの「豊かな環境の上に、持続可能性の高い豊かな社会が成り立つ。豊かな社会の上に、持続可能性の高い豊かな経済（経営）が成り立つ」を体現しているのです。

「新たな市場が生み出される4ステップ」からも明らかですが、補助金の仕組みが決定するということは、新たな市場の誕生前夜であることを意味します。

SDGsに関わる大きな市場が生み出されることを意味する「補助金決定」は静岡県で既に始まり、実際に前述のような成果を生みだしています。

他の都道府県の担当者の方々にも、静岡県産業振興財団の取り組みの実際を知っていただき、より多くの都道府県、市町村にＳＤＧｓ補助金の仕組みが広がっていくことを願っています。

実際にセミナーやコンサルティングの場で、静岡県産業振興財団の補助金の仕組みを経営者やビジネスパーソンの方々に伝えると、「うちの県でも始めてほしい」、「すぐにでも構築して欲しい」という声が多くの方々から上がります。

ＳＤＧｓの肝となる応援消費

本書でも繰り返し話題にあげている「応援消費」には、いくつかのパターンがあります。

パターン１：縁があるから応援したい
「生まれ育った地元のまちの会社や商品だから応援したい」
「お世話になった人が働いている、知り合いが働いているから応援したい」

これらのように、身近な存在を応援したいというパターンです。いわば家族や親友、恋人といった存在に対する「愛」に似たものがあります。人間の根源的な感情であり、これからも普遍的なものでしょう。

パターン2：後押ししたい

「経営理念や実際の取り組みに惚れて後押ししたい」

おしゃれだったり、先鋭的・革新的なサービス、商品のファンになって応援をするパターンです。Apple の PC や iPhone を好んで使う例などを思い浮かべると、理解もしやすいでしょう。他社の製品と比べると高い価格設定なのに、ファンの心をつかんで離しません。

Apple のすごいところは、高品質でおしゃれ、新たな体験を提供する商品を展開していることにとどまらず、環境への配慮も厳格に行なっている点です。

パターン3：地球環境や社会問題解決のためのコスト負担という視点

「社会や地球にとっていい取り組みをしているから応援したい」

こういったパターンです。

今までは税金で行われていた環境問題解消のための取り組みや、社会問題解決のための取り組みに、ある会社や団体が本業を通して取り組んでいて、将来的な税金増加の回避につながる場合、応援消費へとつながります。

この点については、次章でより詳しく見ていきます。

パターン3は、今後、増えていくと踏んでいます。

山梨県民信用組合

2

山梨県の地域金融機関

山梨県には、地域の金融機関である山梨県民信用組合が地元企業を会員組織化した経営者クラブという取り組みがあり、経営塾を開催しています。コロナ禍ではありますが令和2年度は3回、令和3年度は5回開催され、その全てに講師として携わりました。

全体研修を約1時間半、その後に希望する企業10社限定のワークショップを同じく1時間半、実施します。ワークショップでは各社SDGs導入と実践のための具体策を考え、ブラッシュアップして実践に落とし込めるようにしていきます。

第一回ワークショップで、静岡県の放置竹林とメンマの事例を伝えたところ、山梨県のタケノコ産地である南部町でも放置竹林の竹を切り出してメンマにして販売しているとのことでした。生産者の方が、ワークショップの参加者で経営者クラブ会長の長谷川醸造の長谷川社長に売り先を紹介して欲しいと相談されたそうです。

最終的に山梨県の高級スーパーマーケットや、超人気ラーメン店に買っていただき人気を博し、あっという間に完売したそうです。やはり、今後は伐採量と製造数・販売数を増やしていく予定とのことです。

放置竹林問題解消は、土地の有効利用にもなり、生み出す利益は大きいものがあります。利益だけではなく、行政、土地の持ち主、そして土地有効活用によって地元生活者にとってもいい取り組みなのです。さらに、放置竹林からメンマを作り販売して利益を得ることができるので事業者にとってもいいですし、美味しいメンマを食べることで地域貢献できる。購入者や使用する人も竹害解消という社会課題解決に参加できる。まさに三方よしの取り組みなのです。

3 福知山市商工会

商工団体が主宰するＳＤＧｓ実践塾

前著『儲かるＳＤＧｓ』では、モデル事例として京都府福知山市の企業の取り組みを数多くご紹介させていただきました。

なぜ福知山市からＳＤＧｓを実践するモデル企業が数多く誕生しているかといえば、早い段階から福知山市商工会が中心となって、市内事業者に対して「ＳＤＧｓ実践塾」を開催してきたからだと言えます。

ＳＤＧｓ実践塾のコンセプトは、まさに「実践」にあります。実践としてのワークショップを数多く取り入れています。

そのため研修の成果を、スピーディーに日々の経営に取り入れることができたのではないかと思っています。

その成果の表れの一つが、福知山市が認定する「福知山市ＳＤＧｓパートナー認定制度」です。２０２１年３月に第一回の認定式が行われました。

民間企業で認定を受けたのは４社でしたが、このうち３社が、福知山市商工会が主催したＳＤＧｓ実践塾に参加された企業でした。

4

さんさん山城　～農業と福祉、高次元の連携を

官公庁にも取り上げられる活動

農林水産省が制作した「農福連携の取組紹介」というYouTubeの動画内（https://www.youtube.com/watch?v=OxXv7nCVqiI）で、【「農における課題」、「福祉（障害者等）における課題」、双方の課題を解決しながら、双方に利益があるWin-Winの取組…それが「農」と「福祉」の連携、「農福連携」です】と説明されています。（以後、「障害者が生産行程に携わった食品」として制定された「ノウフクＪＡＳ」を指す場合はカタカ

ナ表記、それ以外は漢字表記としています）

農福連携とは農林水産省の施策のことで、この動画の中でそのモデルケースとして紹介されているのが、さんさん山城の取り組みです。さんさん山城は、京都府京田辺市に所在する、聴覚障害者の他、精神障害者、知的障害者の就労支援施設で、農福連携の日本のトップランナーと言えます。

さらに環境省が主催するグッドライフアワードでは２０２０年度の環境大臣賞（NPO・任意団体部門）を受賞したり、首相官邸公式ＳＮＳ「JAPAN GOV」（Facebookフォロワー３３７万人とTwitter）で、２０２１年８月、全世界に向けて取り組みが紹介されました。

国外では、２０１９年６月に韓国の済州島で行われたＳＤＧｓの国際会議に農福連携の国際的モデル事例として招聘されました。日本国内のテレビ、新聞にとどまらず、韓国国営放送 KBS テレビのドキュメンタリー番組で放映されるなど、広く取り上げられています。

前著『儲かるＳＤＧｓ』でも、さんさん山城が２０２０年に農林水産省のノウフクＪＡＳ認定、第一号団体となったことを書かせていただきましたが、それからさらに取り組みが広がっていますので、本書でも書かせていただくことになりました。

そんな、さんさん山城のＳＤＧｓは農福連携にとどまらず、京田辺市の地方創生にも大きく貢献しています。

例えばコミュニティカフェの存在です。コミュニティカフェでは、障害者が育て、収穫した野菜を使った日替わりランチを、一食５００円で毎日提供しています。このコミュニティカフェには日々多くの近隣住民が訪れ、京田辺市民の交流の場となっています。

さらなるＳＤＧｓの取り組み

さんさん山城の特徴として、「自分たち（利用者と職員全員）で創造して販売する」というコンセプトがあります。それをまとめると次のような流れになります。

〈生産〉第一次産業としての京野菜や宇治茶の農業　↓　〈加工〉第二次産業としての手摘み収穫の高級抹茶を加工して作る濃茶大福や濃茶クッキー、海老芋を使ったえびいもスープ　↓　〈販売〉第三次産業としてのコミュニティカフェ、さんさん土曜市など農業では必ず、小粒の野菜や傷の付いた野菜、形のよくない不揃い品などが出るものです。これら規格外の野菜は、見た目はともかく味や品質に問題はありません。一般的な農家では売り物にならずに廃棄されている規格外の野菜も、さんさん山城ではランチの食材として使用したり、加工して、商品として販売するようにしています。

京の伝統野菜であり、高級食材としても有名な「海老芋《えびいも》」の例では、小粒の海老芋をレトルトの「えびいもスープ」へと加工し、販売しています。この「えびいもスープ」は京田辺市の特産品を作ろうと立ち上がったプロジェクトの一環で誕生した商品です。

このプロジェクトはもともと「京都土産には有名なものがたくさんあるけど、京田辺土産ってないよね。京田辺市土産になる人気特産品開発をしよう」というコンセプトから立ち上がりました。

このような背景を持つプロジェクトから生み出された「えびいもスープ」を、さんさん山城が作るということは、京田辺市の地方創生（地域資源の活用と特産品開発）の一翼を担っていることを意味しています。

「加工して全てを無駄なく使い切って、廃棄を0にする」ことは、ＳＤＧｓの17の目標の12番「つくる責任　つかう責任」の実践にあたります。

また、さんさん山城の農地は、大半が市内の耕作放棄地です。農家の高齢化による担い手不足、また耕作放棄地の増加は社会問題にもなっています。京田辺市でも耕作放棄地は増えていますが、これらをさんさん山城では、地元の農業委員会を通して借り受けています。

耕作放棄地問題は実は深刻で、手つかずのままにすると地域の荒廃へとつながりかねません。このような観点から見ると、耕作放棄地対策はＳＤＧｓの17の目標の11番「住み続けられるまちづくりを」に該当します。

他にも数多くの地方創生ＳＤＧｓの取り組みがあるのですが、ここで取り上げるほんの一部を見ただけでも、とても高いレベルで取り組まれていることがわかります。

私がさんさん山城のファンである理由の一つが、取り組みの全てにおいて、職員の方と障害者の方が、明るくて楽しそうに仕事をされているという点です。

例えばさんさん山城が発信している動画を見れば、日々の仕事を楽しんで取り組んでいることがわかります。利用者の方、職員さんともに明るく、楽しんでいる様子は、さんさん山城のホームページからも伝わってきます。これらはＳＤＧｓの17の目標の８番

「働きがいも　経済成長も」と、3番「すべての人に健康と福祉を」に相当します。

さらには、SDGsの17の目標の10番「人や国の不平等をなくそう」の取り組みがとても素晴らしいので紹介いたします。それは、定期的に開催している、地元の児童養護施設入所児童との交流会です。野菜の収穫体験や抹茶の和菓子作り体験、また、さんさん山城のノウフクJAS認定された野菜を、有名料理人を招いて料理をしてもらい、子供たちに楽しんでもらうという取り組みです。

その際には食育講座も行い、一流と呼ばれる料理人から子供たちは「質の高い教育」を受けることができます。

いかがでしょうか。本当に素晴らしい取り組みで、感動が止まりません。

民間から始まるSDGs

こうして見てみると、さんさん山城のアクションは、京田辺市に活気と賑わいをもたらす、地方創生のアクションと一致します。

さんさん山城が教えてくれるメッセージ、それは民間企業や団体が地方創生ＳＤＧｓに与えるパワーの大きさではないでしょうか。

施設長の新免さんは、こう言っています。

「『障害者』とは必ずしも『支援を受ける存在』とは限らない。むしろさんさん山城の障害者の方たちは『地域の健常者を支える』。『障害者でもできる仕事』ではなく、『さんさん山城だからできる仕事』をしています。」

地域のコミュニティ、交流の輪の中心に障害者の就労支援施設があって、そこでは障害者が活き活きと農業や加工、販売を行い、社会の一員として活躍している。そして市の特産品として開発された「えびいもスープ」も同様に、障害者の方自身が育て、収穫し、加工して作られています。

このようにしてみると、さんさん山城が京田辺市の地方創生において大きな仕事をしている様子がわかります。

地方創生ＳＤＧｓにおいても、民間の力を活かさない手はありません。さんさん山城のように、地方創生において大きな役割を果たす事業所や団体は、各都道府県、各市町村にも存在しているはずです。ただそれはまだ顕在化していないので、今は目に見えにくいだけなのです。日本の全ての都道府県、市町村に、「ネクストさんさん山城」があると考えています。

皆さんのまちの地方創生を加速させ、成果をより大きなものとするためには、行政の行う地方創生ＳＤＧｓと民間（団体・企業）が行う地方創生ＳＤＧｓが互いにシナジー（相乗効果）を生み出す関係で進めていけるようにマネジメントすることが重要です。

そのためにも、まず行政はＳＤＧｓパートナー制度の認証を与えることで終わるのではなく、認証団体や認証企業に、行政として弱いところを担ってもらうというような連携の仕方が考えられるでしょう。

逆にすでに認知されているまちの魅力を最大化させるための連携方法のマネジメントも考えられます。

この本の中では、さんさん山城だけでなく、民間の取り組みで地方創生ＳＤＧｓを加速させている例として、世嬉の一酒造さんの三陸の牡蠣を使ったクラフトビールや、静岡県や山梨県での竹害対策としてのメンマの話も取り上げています。

パソコンやスマホに例えるなら、

1．自分たちのまちの地方創生というデバイスの上に
2．ＳＤＧｓというＯＳをインストールし
3．ＳＤＧｓに取り組む団体や民間企業というアプリをダウンロードする

というイメージになります。

ＳＤＧｓ以前に、開発途上国の貧困対策を目的に２０１５年まで実施されたＭＤＧｓ（ミレニアム開発目標）の成果と検証という話があります。

ＭＤＧｓの成果として当時の国連事務総長、潘基文（パン・ギムン）事務総長は、「極度の貧困をあと一世代でこの世からなくせるところまで来た」と成果を強調しました。

そして次のように述べています。

開発途上国で1日1ドル25セント未満という極度の貧困に暮らす人々の割合は、１９９０年は人口の47％でしたが、今年（２０１５年）までに14％にまで減り、初等教育の就学率も２０００年に83％だったものが、91％に改善されています。

〈国際連合広報センター　２０１５年７月７日より引用。カッコ内は著者補足〉

このＭＤＧｓの効果を今度は、開発途上国に限定せず、全世界に広げ、「発展途上国だけでなく先進国の課題も解決すること（地球全体の持続可能性を高めること）」をコンセプトとしたのがＳＤＧｓです。

ＭＤＧｓは国連や政府を取り組みの主体としていましたが、ＳＤＧｓは国連、政府だけでなく、民間企業（団体）や一人ひとりも取り組みの主体にプラスしています。

このようにして始まったＳＤＧｓですから、地方創生ＳＤＧｓにおいても、民間（団体）や生活者一人ひとりの力を活かさない手はありません。さんさん山城のように、各都道府県、各市町村には、地方創生の成果を最大化させる民間団体、民間企業の存在があるはずです。

地方創生ＳＤＧｓにおいては、各都道府県、各市町村において、自分たちのまちが取り組むＳＤＧｓの目標に対して、行政と民間のシナジーを生み出すことを想定したプロジェクトマネジメントを行うことが大切なのではないでしょうか。

例えば、静岡県産業振興財団のようにＳＤＧｓ補助金を制度化することです。

さらには山梨県民信用組合や福知山市商工会のように、地元企業を対象にＳＤＧｓワークショップやＳＤＧｓ実践塾を実践して、ＳＤＧｓに取り組む事業者の悩みや不安に応える体制を構築することも重要です。

行政の旗振りのもと、商工団体や地元金融機関と有機的に結びつき、役割を分担しあうことで、パワフルでスピード感に溢れる地方創生ＳＤＧｓが展開されていくようになるはずです。

ＳＤＧｓ×地方創生の可能性はまだまだある

ＳＤＧｓを地方創生に組み込む大きなメリットは二番煎じ的な地方創生が起こりにくいことにあります。それはゴールが一つではないというところに起因しています。

従来の一極集中型時代の地域活性化は、一極となる大都市（日本では東京）をモデルとしていたため、どうしてもミニ東京化したまちを全国に増やしてしまう傾向がありました。しかしＳＤＧｓにおいてはゴール（ＳＤＧｓの目標）が17個ありますので、目指す姿は自然と多様化していきます。

自然が豊かなまちは、ＳＤＧｓの17の目標の中から「自然の豊かさ」を活かすのに最適な目標をゴールとして設定しています。

例えば市内の面積の約６割を林野が占めている三重県いなべ市では、観光資源・地域資源を高付加価値化させる施策を取り入れています。前時代的に林野を乱開発して消失させるのではなく、林野の持続可能性を高めながら、森を歩き、林でピクニックを楽しみ、ぶどう園を散策し、カフェやベーカリー食品店を楽しめる施設「にぎわいの森」をオープンさせました。「にぎわいの森」を市のポータル（入り口）として、人々がいなべ市内各所を回遊することを構想しています。

森や林をはじめ市内を巡る、まちの、農業・観光の魅力によるまちづくり。これはＳＤＧｓの17の目標の11番「住み続けられるまちづくりを」に当てはまります。

「自然の豊かさ」という特徴が同じまちが他にあったとしても、地方創生ＳＤＧｓは、ＳＤＧｓの17の目標のどこを目指すかによって、多様な取り組みが考えられ、個性的な地方創生を可能にします。

ＳＤＧｓのスターとも言える北海道下川町も、まちの面積の約９割が森林という自然の豊かさが特徴です。下川町ではまちをあげて「木質バイオマスエネルギー」に取り組んでいます。未利用の間伐材や製材工場の端材などを専用のボイラーで燃やすことで熱エネルギーを生み出し公共施設に供給しています。

現在は11基の木質バイオマスボイラーが稼働していますが、化石燃料を使用していた時と比べて、年間約３８００万円のコスト削減を実現させています。そうして生み出された熱エネルギーは、公営温泉、役場、学校などで利用されています。

その結果、冬の間の暖房料金の削減につながり、削減額は子育て支援に活用されるようになっています。

「従来からの行政サービスのコスト削減」↓「新たなまちの魅力づくりの財源」という好循環を生み出して、ＳＤＧｓの17の目標の７番「エネルギーをみんなに　そしてクリーンに」につながっています。

また、ＳＤＧｓによる地方創生の多様性は、地域資源から始まるアプローチにとどまりません。まちが抱えてきた課題解決のアプローチにおいても、多様な取り組みを生み出し始めています。

京都府京丹後市では、住民の高齢化と免許証の自主返納による「高齢化社会の交通手段」として定額乗り放題のサブスクリプションのサービスを始めています。これは、電話や専用アプリで予約をすると9人乗りワンボックスカーが指定の場所まで迎えに来てくれて、目的地まで乗せてくれるというものです。

バス事業者との提携で実証運行を開始しています。

このようにＳＤＧｓの17の目標の11番「住み続けられるまちづくりを」の取り組みを京丹後市では推進しています。

京丹後市と同様、住民の高齢化が課題となっているまちであっても、ＳＤＧｓによる地方創生は、より一層まちの実態にあった望ましい取り組みを生み出しています。

農業を基幹産業とする長崎県壱岐市では、就労人口の高齢化と後継者不足に対する取り組みとして、スマート農業（農業のＡＩ化、ＩｏＴ化）に力を入れています。このスマート農業は労働時間を短縮し、肉体的な負担を軽減させます。

また規格外の農産物の6次産業化を進め、余すことなく販売することで、フードロスの削減も進めています。SDGsの17の目標の12番「つくる責任　つかう責任」を推進しています。

このように見てみますと、地方創生SDGsは、より自由度が高く、よりまちの特徴や持ち味、個性を生かした多様な取り組みを生み出し始めています。

まちの抱える課題解決にも、より短期間、より低コストで成果を生み出してくれる予感がしています。

経営の神様と呼ばれる人は、各時代で登場します。そのように呼ばれる方は複数いますが、不思議なことにそのどなたもが、晩年に言うことが一致しています。

それは「必要　必然　ベスト」です。

これは「自分に起こることは、全てが必要であり、必然であり、ベストのタイミングで起こっている」という意味です。

ＳＤＧｓで地方創生を進め、成果を生み出すためには、「必要　必然　ベスト」が不可欠。

そのまちがもともと持っている資源や個性はもちろん、辛い過去の出来事や現状抱える課題までもが「必要　必然　ベスト」で存在していると考えることが、大切です。

5

コスト面で見る「SDGsのウエディングケーキモデル」

環境問題解決、社会課題解決をコストという切り口から考えてみる

ここまで「貢献」というキーワードを軸に、SDGs×経営について見てきました。ここからは、あえて「コスト」という切り口から、SDGs×経営について見ていきます。

環境や社会を良くするためにどこかの誰かが払うであろうコストを、ビジネス活動を

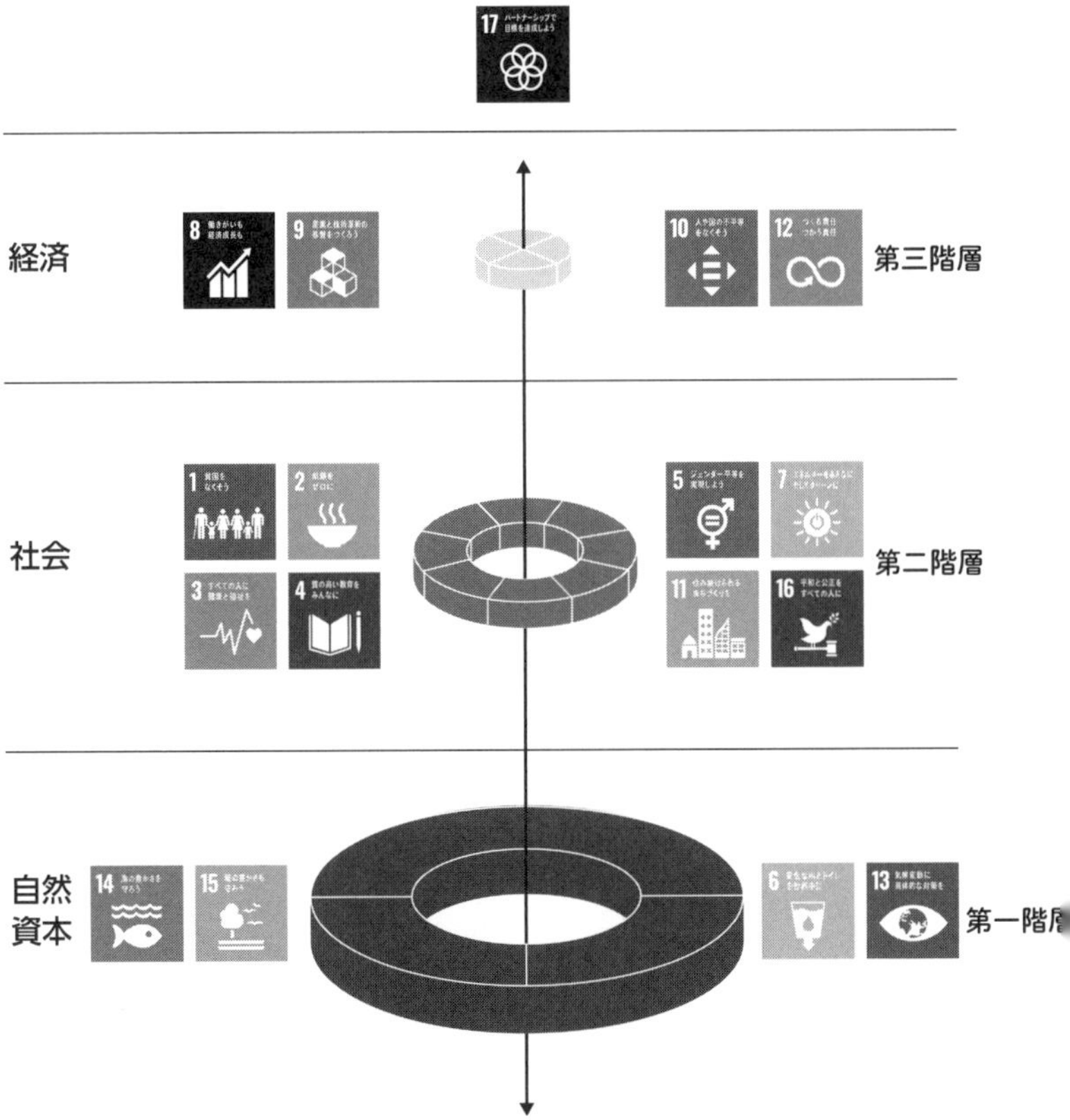

SDGsウェディングケーキモデル：ストックホルムのレジリエンス研究所の所長であるヨハン・ロックストローム博士が提唱した、SDGsの目標それぞれの関わりを構造的に示したモデル。
豊かな環境の上に豊かな社会が成り立ち、豊かな社会の上に、豊かな経済が成り立つことが分かる。

通じて低減させるという活動は、今後、企業の姿勢を図る物差しとなっていくことでしょう。

実際にESG投資の観点でも、重要な指標となっています。

SDGsのウエディングケーキモデルを念頭において、この「環境問題や社会問題を改善するためのコスト」について考えてみましょう。


第一階層の環境が悪化し経済損失が発生する。さらには環境問題を改善させるためにコストが発生する。そのコストは売価へ反映されたり、税金で賄われたりすると、多くの人に広く薄く影響が発生していることになります。

実際、世界的に見ても各国で環境保全に使われる財源を目当てとした税金が新たに課されています。

日本においては既に、環境税がスタートしています。令和6年からは森林環境税の課税が始まります。


第二階層の社会も同様です。人種による差別や、ジェンダーによる差別、教育格差などによる問題が発生すると、その改善にはやはりコストが発生します。そして発生したコストは、同様に広く薄く多くの人に影響を及ぼします。

しかし第三階層である経済・経営領域において、民間企業がビジネス活動の中で、環境問題や社会問題解消を実践するとしたら、それはコスト負担としてどのような変化を生み出すでしょうか。

もしかしたら、問題解消のために税金で賄われる部分が減っていくことにつながるかもしれません。

それまでなら税金を使って行われていた取り組みが、企業の活動の中で完結するのであるとするなら、このような企業には二重の意味で地球や未来を明るくしている意味があると言えます。

一つ目は、環境問題や社会問題を減少・解消させるという点。

二つ目は、環境問題や社会問題を解消するためのコストを税金頼みではなくしているという点です。

第三階層となる経済・経営領域における経済活動を通じて、第一層の環境、第二層の社会を良くするためにかかるコストを低減させている取り組みを、環境に対する「貢献」、社会に対する「貢献」と捉えることができます。

おむすび権米衛の、お米の指定栽培は「陸の豊かさも守ろう」を実践しています。土地の持つ地力を落とさず、陸の環境を破壊せず、環境を元に戻すためのコストも発生させません。

COCO-LO は創業から一貫して「ジェンダー平等を実現させよう」との思いから、働く方々の「働きがいも経済成長も」を実践しています。そして国が進める働き方改革に刺激を与えてくれています。実際に、厚生労働省の会議などにもアドバイスをする立場で参加されています。

自分たちが苦労を重ねて作り出し、体得してきた「ジェンダー平等」や「働きがいも経済成長も」をともに満たすためのノウハウを、国全体での取り組みのために惜しげもなく提供してくれているのです。

きぬのいえの「SOMA Re:」は、9「産業と技術革新の基盤をつくろう」を実践しています。

SDGsの169のターゲットでいえば、9-4「2030年までに、資源利用効率の向上とクリーン技術及び環境に配慮した技術・産業プロセスの導入拡大を通じたインフラ改良や産業改善により、持続可能性を向上させる。」の実践に相当します。

世嬉の一酒造は、11「住み続けられるまちづくりを」と12「つくる責任　つかう責任」を実践していることは前述の通りです。

静岡県産業振興財団では1社あたり上限200万円のSDGs補助金を実施しています。

この補助金を活用した企業が生み出す環境問題解消・社会問題解消という社会課題解決は、200万円以上の価値を創出することが期待されています。さらには各社が取り組むことで、そもそもの問題を解消し、200万円以上の税負担をなくすことにつなげています。

株式会社季咲亭の放置竹林対策は、放置竹林伐採隊のコストを事業の中で賄い、自走する組織にまで磨き上げています。

良知樹園株式会社の庭木の里親制度では、「新たな開発」と「陸の豊かさも守ろう」の取り組みをトレードオフにすることなく両立させています。

加和太建設株式会社のビール粕のリサイクルの取り組みでは、近隣企業を巻き込むことで、12「つくる責任　つかう責任」だけでなく、17「パートナーシップで目標を達成しよう」を実践しています。

ブレインフォレストでは、解体業の範疇にとどまらず、世界的に見ても先進的なノウハウを世界中からくる研修生たちに伝授し、10「人や国の不平等をなくそう」を実践しています。また全国的に行政が税金で賄っている不法投棄問題に対しても、今後は行政とブレインフォレスト、そして地域住民が「三方よし」となるような取り組みをしていこうと、計画を立てています。

環境や社会を破壊させることで発生する経済損失について

私たちは普段あまり意識していませんが、この地球上ではありとあらゆる生物や存在が目に見えない関係性でつながって生きています。私はこの関係性を「多様性の糸」と呼んでいます。

多様性の糸。その存在を私たちが感じるのは大抵、糸が切れ、つながりが絶たれてネガティブな出来事が起こった時です。

たとえば蜂を思い浮かべてみてください。

普段、わたしたち人間と蜂とのつながりなど、考えることはありません。

しかし蜂が地球上から減り続けていることで生じるネガティブな出来事のことを、一度は耳にしたことがあるでしょう。

そしてこれはたとえ話ではなく、実際に蜂の数は減っていっているのです。

私たちが野菜や果物、植物性の食材を口にすることができるのは、植物が受粉して、生育するからです。そして受粉においては、蜂は自然界で決定的な役割を担ってくれています。蜂は蜜を集めて花から花へと飛び移るその間に、体に花粉を付着させ、そして別の花まで運びます。そしてその花粉を行き渡らせることで、受粉のお手伝いをしているのです。

その蜂が地球上から減ると、途端に多くの植物の受粉は進まなくなり、作物は育たず、食べ物はあっという間になくなってしまうと言います。

蜂が授粉を媒介すると言われている食材は、リンゴや桃、梨といった果物から、アスパラガスやブロッコリー、キャベツ、ニンジンといった数多くの野菜があると言われています。

当時の国連環境計画（ＵＮＥＰ）アヒム・シュタイナー事務局長は２０１１年に、「世界の食料の９割を占める１００種の作物種のうち、７割は蜂が授粉を媒介している」と報告をしました。

またＵＮＥＰが出した同年の報告では、蜂などの昆虫による授粉は約２０４０億ドル相当という莫大な価値（世界の食料生産の９・５％）を推定しています。

国連が設置した科学者組織「ＩＰＢＥＳ（アイピーベス＝生物多様性及び生態系サービスに関する政府間科学‐政策プラットフォーム）」は、花粉を運び農作物作りに貢献する蜂などの生物がもたらす経済的利益は世界全体で最大年５７７０億ドルに上ると指摘した報告書を発表しています。

なぜ蜂が減っているのか？　このことについては、私は専門家ではないので言及することは控えます。ここで重要なことは、多様性の糸が切れてしまうことの可能性を経済に置き換えると、その損失はとんでもなく大きいという点です。

道義的、道徳的な点での損失も大きいことはもちろんなのですが、私はビジネスの専門家なので、ここでは話を経済面に絞り込んで進めます。

蜂が消えれば、経済的負担が増える

蜂が消え、作物が育たなくなれば、そのまま放っておくというわけにはいきません。

蜂を増やすか、他の方法を模索し、植物生育の新たなシステムを構築していくことが求められます。

そして蜂を人為的に増やすにしても、他の方法を構築するにしても、そこには多大なコストが発生します。人手、時間、資金……そこで発生するあらゆるコストを負担するのはどこの誰なのでしょうか。

それが例えば、農業をする農家が負担すべきということになれば、農家のコストは上昇します。上昇したコストによって農家が潰れてはかないませんので、当然農作物の売価に反映されます。また場合によっては、補助金で賄われるかもしれません。そして、そうした補助金の出どころの多くは税金です。

私の言いたいことが、もうわかると思います。

どうなるにしても、蜂が減るということは、自分の知らないどこかの誰かの出来事として終わらせられることではないということがわかります。

どこかのコストが上昇すれば、回り回って自分を含めた多くの人に負担がくるのです。そしてこのことは、蜂の減少に限った話ではありません。

環境問題や社会問題の多くは、発生することで経済的損失を生じさせます。そして回復させるためには多くのコストが発生するわけですが、そのコストは広く多くの人たちが負担せざるをえなくなることもあるでしょう。

そしてそれ以上に大きな問題は、いくらコストをかけたとしても元の状態には戻りにくいということにあります。

いずれにしても環境問題や社会問題を解消させるためには、多大なコストが発生しているという事実は間違いありません。

日本古来の産業は、家屋にしても衣服にしても食材にしても、自然由来の素材を使い続けてきました。自然由来で、環境負荷の少ないものが大半でした。

しかし、自然由来の素材の仕入れ価格が上昇したことや、化学製品は工場で大量生産ができ、仕入れ値も抑えられるということも相まって、化学製品が多く使われるようになりました。

それが今後は、化学製品を使用したことによる排水や排煙を原因とした環境へのダメージと、それを回復させるのに必要な多大なコストを考慮に入れて、判断をし直す時代へと変わっていくでしょう。

自然由来のものを使用するという行為は、環境を汚さないだけでなく、環境を元に戻す・再生させるためのコストもかからないということにつながります。

今後、コストの概念は「使用するのにいくらかかるか」だけではなく、「使用した後に生じる環境の変化を戻す、再生させるのにいくらかかるか」というところまで含めて算定されるようになると予想しています。そうなれば、間を置かずにビジネス界全体でコストの考え方が再設定されることでしょう。

本業の中で、環境問題や社会問題解決に取り組む企業は、間接的にでも「国や自治体の税負担を減らす取り組みをしている」ということになります。いずれこのような認識やイメージが、やがて一般の人たちにも広まっていくことでしょう。

6 SDGsと文明の崩壊

知の巨人が語る「文明の崩壊」パターン

世界的ベストセラーとなった『銃・病原菌・鉄』（草思社）の著者、ジャレド・ダイアモンド氏は、文明の崩壊について、「文明の崩壊には共通のパターンがあり、それは環境破壊から始まる（要約）」と分析しています。そして、環境破壊は、森林伐採による陸の豊かさの破壊だけでなく、魚などの海洋資源の乱獲による海の豊かさの破壊からも始まると言っています。

彼はまた、かつて自然が豊かであったイースター島を例に、文明崩壊の流れをこのように分析しています。

・1万1000年ほど前、イースター島にポリネシア人が到達。
・豊かな椰子の木を次々と切り倒し、カヌーを作ったり、有名なイースター島の像を立ち上げるのに使用。
・やがて島の木のほとんどを伐採し、島の大地は雨風に侵食されるようになる。
・自然肥料を持っていなかったので、土地は痩せていき、農作物を失った彼らは島の鳥を食べ尽くしてしまう。
・ついに食べ物を失った彼らは島民同士で争うようになる。
・彼らは戦争に明け暮れ、相手の部族の像を引き倒し、殺し合い、そして崩壊してしまった。

細部は割愛していますが、大きな流れとしては以上の通りです。ジャレド氏の文明崩壊パターンに関する分析をさらに大きなくくりにすると、下記のようになります。

①環境破壊（陸の豊かさや海の豊かさの破壊）
②社会課題の深刻化（分断・争い）
③文明の崩壊

いかがでしょうか。私は、ＳＤＧｓのウエディングケーキモデルとの奇妙な一致に驚かされました。

ＳＤＧｓのウエディングケーキモデルは、「豊かな環境の上に豊かな社会が成り立つ。豊かな社会の上に豊かな経済が成り立つ」ことを示しています。

つまり地球をよくしていく順番は、「環境改善→社会改善→健全な経済」なのです。そしてジャレド氏が提唱する「文明が崩壊する順序」もまた、「環境悪化→社会問題悪化→文明崩壊」だと示しています。

地球をよくするのも、悪くするのも、はじめの一歩は「環境」であり、次のもう一歩は「社会」であるのです。

私たちはウエディングケーキモデルが指し示す方向に進んでいるのでしょうか。

それとも文明崩壊の方向へと進んでいるのでしょうか。

このような考えを巡らせる時に、「企業経営者やビジネスパーソンの方々には、一刻も早く、ＳＤＧｓに取り組んでいただきたい」と思うのはきっと私だけではないはずです。

同様に自治体の経営においても、より多くのまちで、「環境改善」と「社会課題解決」に向けて、実効性のある取り組みをスタートしていただきたいという思いが湧き上がってくるのです。

行政による地方創生ＳＤＧｓと、
民間による地方創生ＳＤＧｓの掛け合わせは、
パワフル＆スピーディーな地方創生ＳＤＧｓを生む

自然衰退で引き起こされる文明の崩壊は、
もはや他人事ではない

第五章：SDGsブランディングを加速させるために知っておくべきこと

SDGsでブランディングするために重要なことをまとめています。
本書の総括的な章です。また、章末には特別対談も収録しています。

1 侮れない、「お墨付き」が持つ力

ブランディングにはお墨付きが大事

企業がブランド化するために、向かうべき目標について解説してきました。本章では、企業のブランドをより強固に確立させる要素について深掘りをしていきます。そのキーワードは「お墨付き」です。

本書の冒頭に挙げたエルメスやシャネルは働く女性からのお墨付きがありました。同じ働く女性からのお墨付きとしては、ヴィダルサスーンなどもそうです。ルイ・ヴィトンは船旅好きな富裕層のニーズに応えることで、お墨付きを得ました。

その他前章で挙げた参考事例企業で言えば、
・おむすび権米衛は農林水産省
・COCO-LOは、厚生労働省や経済産業省、内閣府、中小企業庁、群馬県
・まころパンは、福知山市
このように、お墨付きを得ています。

ブランドと、このお墨付きの関係について考える時、例として一番わかりやすいのは「お金」です。

お墨付きを持たないただの金属のメダルはそれ以上の価値はありません。しかしそこに強大な権力を持った国や中央銀行が「価値があるものだ」としてお墨付きを与えると、その金属メダルに信用が付与されるのです。そしてそれはたちまち「貨幣」になります。

紙幣なんてもっとわかりやすいです。紙幣には物質としての価値はほぼないのに、誰もがそれに「価値があること」を認識しているから、お金としての役割を果たします。

国がお墨付きを与えた貨幣は、グローバルに通用する。紀元前300年くらいから、古代ローマは貨幣制度を持っていたと言います。地中海全域で貨幣が通用したのも、世

界で当時、強大な力を持つローマ帝国がお墨付きを与えたからなのです。

ただのメダルを貨幣に変えたのが「お墨付き」ならば、企業もこれを無視することはできないはずです。

ではお墨付きは一体どうやったら得ることができるのでしょうか。前述の通り、事例企業は、誰の（ターゲット）、どのような場面での（シチュエーション）、どんな不を解消するか（貢献点）、この三点を日々の仕事に落とし込んで実践していくことだと教えてくれています。

コラム：紙幣とお墨付き

ベネチアの商人マルコ・ポーロは、アジアを旅した時の記録を『東方見聞録』にまとめました。その中に、興味深い記述があります。

彼が中国を訪れたのは13世紀ですが、この頃はヨーロッパにはまだ、紙幣は存在していませんでした。そんな時代に、中国ではごく普通に紙切れがお金として使われていたので、大変驚いたと言います。その驚きを「中国の皇帝は紙をお金に換えてしまう。まるで錬金術師のようだ……」と表現したわけです。

お墨付きは、身近なところにもある

お墨付きをくれるのは何も国家や省庁、自治体だけではありません。エルメスやシャネルは働く女性から、ルイ・ヴィトンは船旅を楽しむ富裕層といった、特定のターゲットから熱狂的に支持され、お墨付きを得ることでブランドを確立したのです。

これらのハイブランドは顧客ターゲットを明確にして、その顧客のニーズに貢献できるサービスを打ち出したことで、お墨付きを得ることを実現させました。

こうした事例はハイブランドに限りません。もう少し馴染みのある事例を紹介します。

1848年のアメリカ西海岸、当時まだ州ではなかったカリフォルニア。ゴールドラッシュと言われ、金が採掘されたその地に、新たな金脈を狙う人たちが大挙して押し寄せた時代がありました。アメリカのみならず、ヨーロッパからも一攫千金を狙い、多くの人が押し寄せ、その大半が荒くれ者だったと言います。

その街で、ある男が商売を始めました。ほとんどの人が金を探し求めてせっせと土を掘っている中、彼は金を掘るのではなく、そこに集まった人たちに向けて商売を始めました。日用品から食料品、雑貨など、とにかくさまざまな商品を扱ったようです。

中でも売れたのが、意外にもドライフルーツでした。その理由を見てみると、とても腑に落ちるものでした。それはこういうことです。まず、採掘している人たちは体力を消費するので、採掘場周辺ではカロリーが高い食品が多く求められていました。しかも掘っている人たちは、できるだけ作業時間を確保したいので、準備や食事に時間がかからない食品を求めていました。もっと言えば、作業中に手軽に食べられるものが好まれたのです。そこで目をつけられたのが、ドライフルーツというわけでした。その後、彼は採掘場で働く人たちの「不」を解消するような商品の販売を次々と開始しました。

この例をブランディングに当てはめると、次のようになります。

・顧客ターゲット＝採掘場にきた人たち
・シチュエーション＝採掘する場面、採掘者たちの日常
・貢献点＝採掘者たちの「不の解消」につながる商品の販売

ブランドが成り立つプロセスに、見事に当てはまっています。そして話はここで終わりではありません。その商売人の彼は、採掘者たちが抱える別の「不」に目をつけました。それは衣服です。

金の採掘というと、大変なハードワークです。採掘人たちが着る服が次々とボロボロになっていく様子を、彼はじっと見ていました。そして丈夫な布と、確かな縫製で作られた衣服に需要があると踏んで、テントや馬車の幌に使われるキャンバス地の布を用意し、ズボンを作り始めたのです。

そのズボンは、過酷な肉体労働をしても擦り切れない丈夫さを、これまでのどのズボンよりも高い次元で実現させたものでした。そして瞬く間に大ヒット商品となったのです。

その商売人の名は、リーバイ・ストラウス。世界的なジーンズのメーカー「リーバイス」の創始者です。

リーバイスの誕生には諸説さまざまあり、逸話も多くあります。しかしそれらに共通するのは、いずれも「不の解消」を高次元で実現してきたという点です。

また、リーバイス自体は先に挙げたハイブランド同様、世界的に著名なブランドですが、身近な生活者（顧客ターゲット）の「不」を感じ取り、発想の転換で大ヒット商品を生んだ事例として大変参考になるものがあります。そして彼が生み出したジーンズという商品が、今やグローバルスタンダードとして世の中に浸透しているという事実には、ビジネスの真髄を見ると言っても過言ではないでしょう。

人口減少時代において居住人口を増やした流山市

ターゲットの明確化でいうと、自治体の事例では千葉県の流山市が見事です。私が携わったわけではありませんが、とても素晴らしいケーススタディだと言えます。流山市は「母になるなら、流山市。」のキャッチフレーズを掲げ、子育て世代の家庭に対して、住みやすいまちとしてのPRをスタートさせました。

住みやすさと一言でいっても人それぞれかもしれませんが、流山市が打ち出す住みやすさはとても明確なものでした。まずその一つが大都市へのアクセスの良さです。流山市にある「流山おおたかの森駅」は、秋葉原からつくばエクスプレスで20～30分で秋葉原と行き来ができます。通勤・通学に非常に便利な立地なのです。

また、住環境の良さも住みやすさの一つとしてあげることができます。駅の「流山おおたかの森」という名前は、駅近くにある森にオオタカが実際に住んでいることから由来しているそうです。オオタカといえば猛禽類の中でも上位の生態。そんなオオタカが生息するということは、その森の自然環境や生態系が非常に豊かなことの証拠です。

自然も豊かで、かつ大都市へのアクセスも良いとなると、子供の育成環境と、親の就業・通勤を高いレベルでともに満たすこの上ない場所です。

さらに送迎保育システムという仕組みがあり、市内の指定保育所（園）と、駅にある送迎保育ステーションを安心・安全のバスで結び、登園・降園することができるようになっています。お父さんお母さんにとっても嬉しい環境が整っています。

そのようにして流山市は、この10年で人口が増加し続けています（流山市発表）。このこと自体もとてもすごいことなのですが、さらにすごい点があります。それは若年人口が増加している点です。若年人口の増加はあらゆる自治体が課題としながらも苦戦しており、流山市の人口動向は大変参考になるケースだと言えます。

人口増減には流出数と流入数の差を見る「社会増減」と、出生数と死亡数をみる「自然増減」があります（内閣府より）。流山市は、子育て世代もしくはこれから子供を産む親世代の流入による社会増が起き、そして子供が生まれて若年人口が自然増が起きているのです。

この時代に人口が増えるというのは、ターゲット設定と貢献点が明確になっている証拠です。ブランディング（マーケティング）はターゲット設定から始まることを体現している、好例と言えるでしょう。

2 大きな成功よりも、まず失敗を避ける

地域ブランドがブランディングに失敗してしまう理由

今、日本全国で地域ブランドのブランディングにおいて、失敗する事例が多発しています。

それは何故なのでしょうか？　そこには大きく二つの理由があります。それを見ていきましょう。

失敗する要因①ブランディングが完結していない

ブランディングにはお墨付き＝認証が必要であると述べました。認証は前提として必要なものなのですが、失敗するケースは、それを取得して終わるケースがほとんどなのです。

先に挙げた「まころパン」の例で言えば【福知山市が認証】→【福知山市の取り組みとして、福知山城での将棋大会を開催】→【テレビ朝日の全国ネットで放映される】という取り組みの流れがあります。

大切なのはステップ１「認証」、ステップ２「お墨付き」、ステップ３「認知度アップ」の３ステップ。ブランディングはステップ１から３までしっかり取り組んで、ようやく完結します。２００１年から全国各地の地域ブランディングに携わらせていただいて思うことは、地域ブランドの失敗例のほとんどはステップ１「認証」だけで終わってしまっている、という点です。

提供する製品やサービスの素晴らしさと、ブランディングの３ステップが噛み合った時に、整品やサービスは初めてブランドとして成立する力が与えられます。これをブランディングの方程式と私は呼んでいます。これに当てはめてみると、よくわかります。

ブランディングの方程式

ブランド力＝「高品質な製品・サービス」×ステップ1「認証」×ステップ2「お墨付き」×ステップ3「認知度アップ」

この方程式は足し算ではなく掛け算なので、どこか一つが未着手でゼロであれば、当然ブランド力もゼロになってしまいます。

失敗する要因②経営として効果を生み出せていない

全国各地の自治体において、多くの地域ブランド戦略が商品開発に偏ってしまっているという現実があります。

あらゆる商品開発には経費がかかり（お金がかかり）、販路開拓でようやく利益が上がる（お金が入ってくる）。これが商売の基本です。ここを認識せずに、商品開発にのみ注力してしまっている自治体が少なくありません。

なので私が自治体の支援に携わる場合は、プロジェクトのやり方を大きく変えています。実際に携わらせていただいた京都府福知山市のプロジェクトを例としてあげると、次のようになります。

一年目　販路開拓塾（年度のゴールとして全国的展示会）
二年目　体験型販路開拓塾（年度のゴールとして全国的展示会と地元にバイヤーを招聘しての商談会）
三年目　商品開発塾（年度のゴールに大手コンビニと地元スーパーマーケットへの商談会）
四年目　ＳＤＧｓ実践塾（年度のゴールとして全国的展示会）

ご覧いただいた通り、毎年度、販路開拓のための展示会出展や商談会への参加を実施しています。

認証して、お墨付きを与えるだけでは、ブランディングは完結していません。認知度アップのための取り組みやフォロー、販路開拓のための取り組みやフォロー、ここまでしてブランディングはある程度、効果を生み出せる段階にまで進むのです。

うまくいっていないという自治体や商工団体の担当者さんから相談を受けるケースでは、「商品を開発するだけ」、「ニーズ調査をするだけ」で一年が終わってしまうような進め方をしているケースが非常に多いのが実情です。

効果を上げるためにどこが足りなかったのか？　そこに気づけば、今後は効果を生み出せるようになるのではないかと考えます。

お墨付きとミューズ戦略の違い

お墨付きを与えるためにイメージのよい有名人を起用する方法を、私は「ミューズ戦略」と呼んでいます。ミューズとはすなわち女神のこと。好感度が高い芸能人を起用して、「○○も絶賛」というキャッチコピーをよく見かけますが、あれがまさにミューズ戦略です。わかりやすく、一般認知を獲得しやすいスタンダードな方法です。

しかし、ミューズ戦略にも弱点があります。ミューズとなる芸能人本人の不祥事などで、ブランドそのものまで悪影響を受けてしまうリスクがある点です。ミューズが事件、事故を起こしてしまうとニュースでも大々的に報じられるため、想像がつきやすいと思います。それだけではなく、現代はＳＮＳでの発言・発信で簡単に「炎上」してしまいます。それを考えると、ミューズ戦略は非常にリスキーな手法と言えます。

またミューズ戦略は効き目が短期間で、契約などの経費が膨大なものとなる傾向があることも、認識しておくべきです。

「なんちゃってSDGs」にならないために

近年、ＳＤＧｓへの取り組みや環境に配慮した経営方針を対外的にアピールする企業が増えてきています。ＥＳＧ投資という言葉が経済新聞にもよく登場するようになり、環境配慮と株価が連動するなど、もはや自然環境に対する姿勢と、企業経営は切り離せなくなってきています。

しかもこれは大手に限った話ではなく、中小・零細企業にとっても同様です。実際に大手メーカーはそのサプライチェーンに属する企業や工場に対しても、環境に配慮した製造方法を求めるなど、ＳＤＧｓや自然環境に対する取り組みが経済に及ぼしている効果は大きいものがあります。そうした意味でも、ＳＤＧｓに取り組むことは新たなビジネスチャンスの創出につながっていく大切なアクションであるといえます。

だからこそ気をつけていただきたいのが、「ＳＤＧｓウォッシュ」にならないことです。ＳＤＧｓウォッシュとは、一見するとＳＤＧｓに取り組んでいるようで、実態が伴っていない会社やビジネスを揶揄する言葉です。由来となったのは、環境に配慮しているようで、実態が伴っていない状態を指す「グリーンウォッシュ」という言葉です。SDGsウォッシュだと言われてしまったら、悪くすると何もしてない企業よりもイメージを損なってしまいかねません。

せっかく取り組みを始めたのに、不十分だったり思わぬ抜けや穴があることに気づかずに、「なんちゃってSDGs」と揶揄されてしまっては非常にもったいないことです。

そうならないために、SDGsの取り組みには二つの段階があると考えてください。

第一段階は「今やっている事業をSDGsに置き換えると、○番の目標に当てはまる」という段階です。これは多くの企業ができる段階です。なぜならSDGsの裾野は広く、それぞれの目標の定義を拡大して解釈すると、どんな取り組みでも17の目標のいずれかとの関連性を見出せるからです。

ですから、この段階で対外的な広告・発信を強めると「そんなの当たり前じゃないか」として、SDGsウォッシュ認定をされる可能性が高まります。

大切なのは第二段階です。ここではそれまでやってきたことではなく、環境問題や社会問題に対して意志を持って取り組んだり、強化した取り組みについてフォーカスすることです。これによりSDGsウォッシュとしては見られなくなるでしょう。

3

◇◇特別対談◇◇

河上伸之輔氏

本書を執筆している最中であった2021年5月、一般社団法人SDGs支援機構の代表理事である、河上伸之輔さんからご連絡をいただきました。

河上さんは金融業界やコンサルティングファームを経て、30歳で起業し、不動産事業やコワーキングスペースの運営など多角的に事業を展開している事業家です。日々さまざまな取り組みを行う中でSDGsと出会ったことをきっかけに、「SDGs支援機構」を立ち上げました。そして現在は「SDGsジャーナル」というオンラインメディアの運営を通じて情報発信をしたり、全国で講演を行ったり、YouTubeチャンネルを開設して情報発信をするなど、精力的に活動されています。

そんな河上さんが、私の前著『儲かるＳＤＧｓ』を読んでいただいたことで縁が結ばれました。そして6月に河上さんが運営するYouTubeチャンネル「ＳＤＧｓジャーナル」への出演オファーをいただき、出演させていただきました。

その時の内容がとても実りのあるものでしたので、少しでも多くの方に知っていただきたいと思い、河上さんの許可も得た上で、本書において、対談内容の一部を公開させていただくことになりました。

ＳＤＧｓブランディングを始める糸口となるお話や、これから消費者の動向はどうなるのかなど深い話にもなりました。ぜひ、ここから経営のヒントを掴んでいただけますと幸いです。

注）この内容は対談の純粋な文字起こしではなく、書面で読みやすく、また発言者の意図が伝わりやすいように適宜補足・編集をしています。実際の対談の様子はこちらでご覧いただけます。
https://youtu.be/FnNR3-wcasA

■新しい事業のヒントはどこにある？

河上伸之輔氏（以下　河上氏）

「ＳＤＧｓの取り組みを始めるといっても、新しいことを始める時に、何をやっていいのか、なかなかアイデアが出てこないという話をよく聞きます。同じような人も多いと思うのですが、そういう時はどうすればいいのでしょうか？」

三科公孝（以下　三科）

「実際にアイデアが出てこない人は多いし、出てこないのが当たり前だと思います。

例えばお話させていただいた染物業の（「きぬのいえ」が展開している）「SOMA Re:」は、吉田社長がおっしゃっていましたが、この事業を思い立ったのは商工会の支援員さん・指導員さん、カメラマンや学生と話をしている中でのことでした。「SOMA Re:」のコンセプトは「捨てるなら、染めよう」なのですが、「新しいものを染める」というこれまでの経済活動だけではなく、今の時代は３Ｒ（リユース、リデュース、リサイクルの頭文字を取った言葉）の観点で考えてみると、染め直しというのはニーズがあるのではないか、という話題がきっかけになったそうです」

河上氏
「なるほど」

三科
「多くの場合、一人の人や一つの会社でどんなＳＤＧｓの取り組みができるかを考えると、『私はこれができる』と思えることはあっても、お金が入ってくるところまでつながらないのです。途中でアイデアが止まってしまいます。しかし誰かと組むことで、そのハードルを超えていけることも多くあります。いろんな人と話す場があるといいと思っています」

「これは、まさに河上さんとしたかったお話なのですが、ＳＤＧｓのマッチングサービスがあると、とても良いと思っています。
例えば『うちは染物屋です』『うちは農家です』『うちはＳＤＧｓについてはこんなサービスができるけど、売り上げが上がるところまではいかないのですが、このサービスを欲しいと思う会社さんはいますか？』というように中小企業が投げかけます。そうすると企業だったり、ＮＰＯだったり、場合によっては海外で困っている団体から手が上がってマッチングが成立。

このようなマッチングサイトがあると『ＳＤＧｓに取り組みたいけどどうやっていいかわからない』という人たちが持っているアイデアがビジネスに育ちますし、それが日本で始まったら、世界中でも展開できるんじゃないかと考えています。

このサービスはすごくニーズもあるし、ユーザーも見込めるので、成長が期待できるはずです。もしこの配信を見ている人が『それはいい』と思って始めて儲かったら、それはそれでとても嬉しいことです」

河上氏

「ＳＤＧｓにもパートナーシップが掲げられていますよね。

よく大学などでも講義をさせていただく機会があるのですが、アイデアを生み出す時って、無から生み出すわけではなくて、すでにあるものを掛け合わせたりするんですよね。ＳＤＧｓも、新規事業のネタがたくさんあるなと思うんですが、それが生まれる時ってある企業のサービスと、また別な企業の強みが重なり合って起こることが多いんです。

行政とかがＳＤＧｓの認定制度、パートナーシップ制度とかをやっていますが、きちんと機能しているところが少ないなと思っています。

オンラインでアーカイブとして『どこの企業がどんなことをやっている』というのが見られるようになると、いいですよね」

■変わっていく若者たちの意識と意欲

河上氏

「『ＳＤＧｓ就活』というイベントを2年前に開催したことがあります。普段から大学生と触れ合う機会が多く、その中で彼・彼女たち若者の仕事選びの基準が、明らかに変わってきていることを感じました。

少し前の仕事選びといえば『給料がいくらか』といった条件面にこだわっていたのが、今で言いますと『その企業で働くことで、どんな風に社会に貢献できるか』といったことが重視されるようになってきています。これは私の感覚なのですが、優秀な学生ほどそういう傾向が強いです。

もはや会社の規模で選んではいないのです」

三科
「わかります」

河上氏
「例えば地方の企業でも『良いことしてるなぁ！』という企業はたくさんあるわけです。なのでそのことをきちんと学生たちに伝えられたら、就職活動が変わるんじゃないかなと思って、『ＳＤＧｓ就活』という名前で開催しました。（中略）
ぜひこれも一緒にやりたいという方がいらっしゃれば、加わっていただきたいと思います」

三科
「昭和の感覚が残っているオジサンたちが『今の若い人たちは……』の後に続けるのは、『稼ぐ意欲がない』『出世の意欲がない』ということ。

しかし若い人たちは意欲の方向性が違うだけなんです。これまでなかった新しい意欲として「貢献欲」というものを今の若い人たちは持っています。稼ぐ意欲や出世意欲がないのではなく、貢献することにウンと重きを置いているんです」

河上氏

「物欲、モノに対する欲望がないんですよね。

僕自身も40歳ですけど、一世代上の人たちが生きてきた環境を俯瞰的に考えると、その頃はモノがない時代だったんです。その頃は『たくさん稼いで車に乗る』『たくさん稼いでこんなモノが買える』それが幸せという価値観だったのです。

そうした先輩方のおかげで、僕は小さい頃から裕福ではありませんでしたが、家には車もテレビもクーラーもありました。だから『稼いでモノを買う』ことの幸福度は、僕たちの世代もそんなに高くないわけなんです。

一方で、モノが増えることよりも『こうやって社会に役立てる』という方が幸福度が高まるのが今の若者。なので、三科さんがおっしゃったような流れは当然といえば当然なことです。そのことを、若い世代も上の世代も、お互いに理解していかないといけないですよね」

三科
「そうですね。そこはもう二者択一の対立する事柄ではなく、物質的な豊かさと精神的な豊かさの両方が満たされる社会になれば、本当に幸せな世の中になると思います。
これまでは、1000年、2000年という長い年月をかけて物質的な豊かさを充足させてきました。そして現代は十分すぎるほどになってきたので、足りない方を満たしていきましょう、というステップに入っています」

河上氏
「三科さんが先ほど新しいアイデアについて話され、それを誰がやってくれてもいいとおっしゃっていたじゃないですか。その考えがまさにSDGs的だと思っていて、これは私も同じことを思っています。
従来の企業、組織のあり方で考えると、『せっかくいいアイデアが生まれたので、これを自分だけで独占してしまおう』というのが通常の発想でした。企業とは利益の最大化が目的なのですが、今は利益だけではなく環境や社会への貢献といった、もっと広い視野で見てみれば、自分でやれなくても誰かがやれば世の中が良くなるという発想はとても重要です」

三科
「要するに利益の量を見ていた時代から、利益の質を見る時代に変わったということです。

利益の質は貢献の度合いで見るのですが、利益の度合いが高い稼ぎ方をするとどうなるかといえば、サポーター（応援者）の数が増えてくるのです。

あそこはこんな貢献をしている、というところにいろんな人やリスペクトが集まってきて、サポーターが増える。そしてサポーターが増えると、企業経営にどんなメリットがあるのかというと、売上が上がる期間が長期化する傾向があります。

これまでの「利益の量」を追求する会社の経営の仕方というのは、利益が一気に上がりますが、そこにリスペクトもサポーターもあまり考えてきませんでした。マーケティングでいうロケット曲線です。伸びるのにかかった時間と同じ時間で衰退もする、といった描き方をします。ＩＴバブルなんかがそうでした。

一気に上がって一気に売り抜くという経営者ならそれでいいかもしれませんが、短期で稼いでいなくなるということが地球環境を悪くしている根源でもあると思います。

利益の質を追求するやり方だと、企業利益も長期間になりますし、実は企業にとってもプラスは大きいのです」

河上氏

「なるほど！　今おっしゃったことが、まさに『儲かるＳＤＧｓ』の本質だと思います。儲かるというのは、短期で稼ぐのではなく、長期的にみた方が実は儲けの総量も大きくなるということなんですね」

三科

「その通りです。時間がかかればかかるほど巻き込む人も増えてきますし、社会も一気には変わらないので、社会が変わるペースとも合うんです。

イメージとしてはガンディーの「塩の行進」です。かつてインドでは、インド人が勝手に塩を作ってはいけない、植民地当局であるイギリスが専売するという制度が布《し》かれていました。たとえば海に行って、塩を摘んだだけで逮捕されてしまうというほどだったそうです。ガンディーはその状況に抗議するために海に向かい塩を作ろうとします。車や列車で向かわず、ゆっくり歩くことで多くの人が集まり、多くの人とともに行進しました。その距離３８６㎞を3月12日から4月6日までの24日かけて海に到達しました。最初は78人で始まったアクションが、最終的には数千人とすごい人数になったという歴史的な出来事です。

これまではとにかくドッグイヤー（主にＩＴなど技術革新や変化の激しいことのたとえ）で、『スピード、スピード、スピード！　それが経営だ』と言われてきました。しかし社会を変えることと経営がリンクするようになると、ある程度時間がかかった方がいい、ということもあります。だから一気に成長して一気に衰退するというモデルは、これからの社会とはリンクしないでしょう」

河上氏

「これまでは『どれだけ利益を上げたか』が大事だったのですが、塩の行進のように、そのプロセスの中で生み出されることやモノ、どれだけの価値を生んだかが重視されるようになっていくのかもしれません」

終章：2030年までの好機、やるなら今しかない

これからの世界はどうなるのか。私たちは何に備え、どう振る舞えば良いのか。本書の締めくくりでは、少しスケールが大きい話題にもなりますが、SDGsブランディングの根幹とも言えるテーマを取り上げています。

1 コロナ禍で時代の風はどちらに吹くか？

コロナ禍を経て、変わった時間の価値

きっとこれから100年、200年のスパンで「家族時間を大切にする」時代に入っていくと私は踏んでいます。このコロナ禍を経て、家族時間を大切にすることに直結するサービスはすでに売り上げが上がり始めています。

例えばフードデリバリーサービスや家族で行ける飲食店などがそうです。背景としてはリモートワークが普及し、いわゆる「おうち時間」が増えたことによる、システム面

の影響も大きいでしょう。

しかし、もっと別な見方もできると考えています。それは「限られた時間を大切な人と過ごしたい」という思いです。

新型コロナウイルスという未知のウイルスによって、私たちの生活は大いに脅かされました。先行きの見えない不安と、生命の危機を感じるほどの恐怖を覚えた人も多くいることでしょう。

ですがそれは同時に、自分たちにとって大切なものは何かを思い知らせてくれました。それが「家族時間」なのです。家族時間といっても必ずしも家族ではないかもしれません。恋人や友人といった、かけがえのない誰かと過ごす、一瞬一瞬の時間の価値が上がっているのです。

人間らしく暮らし、幸せに生きるためには「仕事時間」「家族時間」「自分時間」の3つが満たされていることが、欠かせないのかもしれません。これまでは特に、「家族時間」が犠牲になってきた時代でした。成功者と言われる人や偉人が、死の間際に「もっと家族を大切にすれば良かった」「仕事ばかりではなく、やりたいことをもっとやれば良かった」と後悔するという話をよく耳にします。

家族や大切な人と同じ時間を過ごせるサービス、もしくはその時間を充実させてくれるサービスは今後、ますます伸びていくことでしょう。

この「家族時間」は、商品やサービスのマーケティング面だけで語られるものではなく、企業活動においても重要な事項として捉えるべきです。そのことについて、もう少し具体的に見ていきましょう。

結論から言いますと、社員がそれぞれの「かけがえのない誰か」と過ごす時間を大切にできるような、そんな労働環境を整える会社の業績が伸びているという傾向がありま す。働き方改革が叫ばれるようになって久しいですが、改革に着手した会社の方が利益を出しているということです。

その理由もいたってシンプルで、要するにその方が社員のモチベーションが上がるからです。

例えば食品大手の日本食研さんは、社内の恋愛・結婚を認めるどころか推奨していることで有名です。

ここまでせずとも、どうすれば社員が働きやすくなるのかを考えることは、結局のところ会社に良い形で跳ね返ってくるものなのです。

第三章で紹介したCOCO-LOさんは「働くスタッフさんたちには、オフの日も楽しんでほしい」というコンセプトでインスタグラムのアカウントを活用しています。

お客さんである施設の利用者に対してではなく、介護業界で働く人たちへ向けての発信です。オフの時間も大切にする会社であることを伝えるため、スタッフの皆さんにプライベートを楽しんでいる時の写真をあげてもらっています。インスタグラムの投稿を見ますと、スタッフの皆さん、家族時間と自分時間も実に充実している様子が伝わってきます。この充実した時間があるからこそ、仕事時間もまた気持ち良く、高いレベルでサービスを行えるのだなと強く感じさせられます。水は高きから低きへ流れるがごとく、高いレベルの取り組みは次第に広まっていくことでしょう。COCO-LOさんが行う取り組みは、介護業界や医療業界にとどまらず、全業種へと広がり、多くの人の「仕事時間」、「家族時間」、「自分時間」をより幸せなものへと高めていくことでしょう。

批判について

1　物事に検討を加えて、判定・評価すること。

2　人の言動・仕事などの誤りや欠点を指摘し、正すべきであるとして論じること。

これは「批判」を「デジタル大辞泉」で調べると出てくる説明です。本来、1にあるように、「評価する」という意味合いの言葉なのですが、昨今はネガティブな意味合いで使われる場面が多いように思います。

この「批判」される対象は、他者の言動や他者が発表した作品から、国の政策、事件事故の顛末などあらゆるものが挙げられます。

「いい世の中を作るために、社会のおかしなところを指摘する」

もしかしたら、こんな考えで批判をしている人が多いかもしれません。

私は本来の意味ではない場合で使われる「批判」を目にする時はいつも、手術のことを考えます。病気にかかってしまった人を助けるために行われる手術では、例えば病気にかかってしまった臓器を切除して、縫合もせずにそのまま終わりということは当然あり得ません。切除することは目的ではなく、病気を治し健康を回復することが目的なので、摘出部位を縫合してリハビリを行わなければ、目的は達成されないわけです。

手術を行って人の健康を回復させるプロセスと同様に、社会課題を解決させるという場面をイメージしてみましょう。まずは「なぜこのような社会問題が起きるのか？」と原因を究明しようという欲求が起こります。

何が原因で悪くなったのか？という特定はもちろん必要です。「現状の仕組みのどこが問題だ」とか、そういう原因が明らかになる工程です。社会課題に対する批判は、この工程で出てきます。

こうして見てみると明らかなように、実は批判はまだ手術の途中なのです。手術だから、途中でやめてしまったら健康にするどころか、かえって命を奪ってしまいます。これは本来の「批判」ではなく、単なる「短所の指摘」です。

何かをよくしたいなら、手術は最後まで完結させなければなりません。「ここが悪い！」と指摘するだけでは危険です。悪いところを摘出するだけでもまだ危険です。その後に、ちゃんと止血をして縫い合わせないと手術は完結しません。それが本来の「批判」です。

大切なことは「現状にNOを言う」ことではありません。多くの人が「YES！」と言いたくなる制度や仕組みを作り上げることにあります。

短所の指摘だけをしていると、その行為が争いの元になります。良かれと思って発した言葉が争いや諍いのきっかけになったりします。個人の間のやりとりでもよくあることですし、大袈裟ではなく、古今東西、戦争の原因はささいな言葉だったりします。

最後のゴールにまで至るように「どうすればいいのか」、「どこをどう考えればいいのか」というところまで落とし込むことが重要です。

手術のゴールが「病を治し健康を回復すること」にあるのと同様に、社会課題解決のゴールは「これからの時代に則した制度や仕組みを作ること」にあるはずです。

その過程で、短所の指摘などしなくても、新しい制度や仕組みづくりを行えるのなら、それは最高に平和的です。

まるで音楽のHIP HOPのように。勝負のつけ方のルールを変えることで、平和な方法で決着をつけることができる。そしてその一連の流れの中から、豊かな文化が生み出される。ラップ、ダンス、ＤＪ、グラフィティ……どれも今やストリートカルチャーとして、世界中の人たちを熱狂させています。

日本国内のことや海外でも、もっとよくなればいいのにと思うことはたくさんあります。だからまずは、自分から「ＮＯと言って終わりではなく」、「多くの人がＹＥＳと言いたくなる仕組みやノウハウを作る」ということをやっていきましょう。

指摘で終わることなく、どうすれば世の中がもっとよくなるのか。そのゴールまで考えを至らせたいものです。そのゴールがわからないままでも、「指摘はゴールではない」と認識するのと、しないのとでは大違いなのだから。

ＳＤＧｓで目的を達成することで、分断することなく、争いの原因も生むことなく、ゴールに到達する。きっとその活動の中で新しい文化が生まれ、誰も見たことがない素敵な世の中が来ると、本気でそう思っています。

新たな文化が生まれ、根付く時

先述したHIP HOPについてですが、掘り下げると興味深いことがわかってきました。本書のテーマにも沿うエピソードなので、紹介します。

詳細は割愛しますが、HIP HOPは１９７０年台のアメリカに源流があります。当時のアメリカといえば、ギャング同士の抗争が激化し、社会が大いに疲弊していた時期でした。そうした抗争を血を流すことなく終わらせようとして生まれたのが、HIP HOPカルチャーです。

興味深いのが、抗争を綺麗事で終わらせるのではなく、勝負はしっかりとつけるという暗黙の了解があったこと。そして、その勝負の方法を変えた、ということです。それがラップ、ダンス、ＤＪ、グラフィティでした。

ここからは私の解釈なのですが、これは哲学をはじめとする人文学でよく唱えられる「第三の道」の考えと同じです。そしてこれこそがＳＤＧｓの考えと合致するものなのです。

世の中に分断が生まれる時はどんな時でしょうか。それは意見が二分される時です。そして、その後に争いがおきます。これはＳＤＧｓ的ではありません。

その分断や争いの解決策として考えられるのが、第三の道です。

しかし第三の道とは、白と黒の中庸としての、妥協案としてのグレーではありません。白でも黒でもない、全く別のところにある、双方が納得できる新しい道なのです。そして、第三の道として、１９７０年代アメリカのギャング抗争を終結に向かわせたのが、HIP HOPでした。

第三の道として動き出すと、その文化の持続可能性も高まります。現にHIP HOPの構成要素であるラップやダンス、ＤＪ、グラフィティは一時の流行で終わることなく定着し、世界中でさらなる発展を遂げています。日本の小中学校において、授業に取り入れられているのも、印象的です。

残念ながら、HIP HOPカルチャーが広まってからも、アメリカでは銃撃や抗争がゼロになったわけではありません。有名なラッパーが凶弾に倒れる、痛ましい事件もありました。

しかしそれでも、文化として根付き、広範囲にポジティブな影響を与えています。一歩ずつでも、平和に向かうための道として、より多くの人に愛される文化になっていくと思っています。そしていつか、抗争や銃撃なんていうものが、過去のものとして語られる世界を実現できるはずです。

2 自然が教えてくれること

経済と自然は結びつく

皆さんは「だいこんの葉」を見たことがあるでしょうか。

畑に生える、あの野菜のだいこんです。身となる部分は知っていても、葉っぱを真上から見たことがあったり、パッと思い浮かぶ人は意外と少ないでしょう。

私のとある知り合いが家庭菜園に凝っていて、ある日、自分で育てているだいこんを真上から撮った写真を見せてもらう機会がありました。それはよく育っていることがわかる写真でしたが、それを見た時に私はハッとしました。だいこんは地上に出る葉の部分がとても大きく、複数かつ複雑な重なりをする葉を持っています。知り合いが送ってくれた写真のだいこんの葉も、それは見事に広がっていました。しかしその一枚一枚がきれいにずれていて、全ての葉に日光が当たるような構造が出来上がっていたのです。

全ての葉が譲り合うように、一分の隙もなく、あまねく日光が当たるようになっていたのです。そうすることで一本あたりの葉全体で受け取る日光の総量は最大となり、その結果、地中の身の部分が非常によく育つのだと言います。だいこんは、それこそ「自然と」こういう構造になっているのでした。

もしも葉のうちのある一枚が抜け駆けをして、自分だけが太陽の光をたくさん受けられるように、他の葉の邪魔をしたらどうなるでしょう。抜け駆けした一枚だけはいい思いをするかもしれません。しかし他の葉は太陽光を受け取ることができず、弱っていくかもしれない。

そうすると、いい思いをした一枚の葉はますます大きくなり、さらにその隣や、その先に茂っている葉の邪魔をするかもしれません。こうして他の葉を押しやっていく。その結果として何が起きるのか、たやすく想像できます。葉全体で受け取る太陽光の総量は減り、本来の目的であった土中の身の部分は弱々しいものとなっていくでしょう。そして身の部分の育ちが悪くなれば、その身から伸びている葉にとっても、その先に待ち受けているのは先細りとなるのではないでしょうか。

一人勝ちしたと喜んでみたはいいものの、それはぬか喜びで終わり、抜け駆けした自分自身の未来も、結局は暗く弱々しいものとなっていきます。

しかし、実際の自然界では、このようなことは起こりません。だいこんだけではなく、さまざまな野菜も、木々も花も「全体最適」を知っていて、全体で受け取る日光や栄養の量がＭＡＸとなるように、エゴを抑えます。これが自然界のあり方なのです。

このだいこんの葉っぱの話で私が伝えたいのは寓話や教訓などでは決してなく、シェアリング・エコノミーの真髄です。

本当のシェアリング・エコノミーとは、単にものをシェアすることではありません。

ミクロなレベルでシェアを行うことで、マクロなレベルで成長を実現することができる。それが本来のシェアリング・エコノミーなのです。

逆に、ミクロなレベルで奪い合いや格差が起こってしまうと、マクロなレベルでの衰退を引き起こしてしまいます。

ＳＤＧｓの取り組みを通して、私たちが作っていくべきこれからの未来と社会とは、マクロなレベルでの成長です。

私には、だいこんの葉の一枚一枚が人間に思え、土の中の身の部分が地球に思えます。

木の葉の紅葉

私は仕事で迷ったり行き詰まった時、自然界に目を向けることを意識しています。あくまで「空や鳥や草花をぼんやりと眺める」くらいの話ですが、そこから得られる気づきは意外と多くあるものです。

例えば秋の紅葉と落葉。燃えるような赤と心を落ち着かせてくれる黄色のコントラストは、とても美しく目を惹き、ずっと眺めていても飽きることがありません。この紅葉を、別な目線で考えてみるとどうでしょうか。例えば「なぜ葉っぱは紅葉して、落ちるのか」という目線です。

夏は紫外線が強く、それぞれの葉っぱは光合成をするために強くたくましく育ちます。一方で秋になり紫外線が弱まると、今度は葉っぱを維持することができなくなっていきます。秋は日光が弱まるので光合成で得られる養分が少なくなってしまい、それよりも葉を維持するエネルギーが上回ってしまうと言います。

だから、弱い葉を落葉することで、木全体の生命活動を維持しています。いわゆる間引きです。実はこの間引きという作用は、自然界のあらゆる場面でみられます。

農業でも、生長が遅い野菜を取り除くことで、他の個体に効率的に栄養がいくようになることが知られています。

私はこのことを知った時に「この現象はなにかに似ているな」とふと思いました。

それは企業の「リストラ」です。

企業も活動を維持するためには、企業にとってプラスとならない社員には離れてもらう必要があると言われてきました。それが日本社会でいうところのリストラです。リストラと聞くと、日本ではどうしてもネガティブな意味合いで捉えてしまいがちですが、同様の作用は、自然界で普通に行われる間引きと同じことなのです。

こう述べると非常に冷たい感じになってしまいます。しかし、この話には続きがあります。

紅葉して落ちた葉は土の養分となり、巡って木の養分となります。野菜も同様に、間引かれた野菜は別なところですくすくと育ちます。それどころか近年では「間引き菜」として売られるなど、その役割を全うしています。

要するに、「役に立たない」「利にならない」ものなどないのです。組織にとって、一見マイナスな要素だと思えても、簡単に切り捨ててはいけないということを、紅葉は教えてくれます。

植物や野菜だって、たとえ育ちが遅くても、日が強く当たるところに植え替えれば、たちまち育ち、収穫できるようになります。育ちが遅いからといって、毎回間引いて捨てていては問題です。「雑草という植物はない」という言葉があるように、自分の役に立たない植物を雑草と呼んではいけません。育て方を見つけられていないだけ、そこにある問題の本質から目をそらしているだけなのです。

「役割を全うできるポジションを見つけ、役割を全うする振る舞いを確認しあう」。そうすることで「間引き」という言葉の意味合いも変わってきます。

「マクロな全体の成長」と「個の幸せ」は利害が対立する二者択一では決してありません。大地に落ちた葉が養分となって陸の豊かさを守るように、間引かれた野菜が食べられることで人間の健康を向上させるように、新たなポジションと振る舞いを与えることで「マクロな全体の成長」と「個の幸せ」は両立できるのです。

水が高きから低きへ流れるように、自然界の間引きは全体最適に帰結します。そして、企業のリストラもやはりそうであるべきなのです。

「リストラ」の語源はリストラクチャー、その意味は解雇ではなく「再構築」なのですから。

ただしこれはあくまで理想であり、実際にはなかなかこうはいきません。人間には木や花や野菜とは違って、感情があるからです。

笑い、悲しみ、怒り、苦しむのが人間です。とても非合理的で、そんな世界で生きているのが、人間なのです。

でも、だからこそ、私たち人間は、より良い世界を作っていけると強く思っています。企業の利益も、より良い社会の構築も、両立可能なものなのです。むしろ、企業の利益を追究することが、そのまま社会や地球全体への貢献につながる。これは決して、夢物語ではありません。

そのために他者への想像力を働かせて、人間や社会、地球に優しい企業を目指すことが、求められています。

それを心から伝えたくて、私はこの本を書きました。

おわりに

２０２０年から始まったコロナ禍という未曾有の災害により、数多くの企業が大きな打撃を受けました。国を代表する大きな企業から個人でやられている飲食店まで、規模も業態も問わずあらゆる企業を混乱に陥れました。多くの人たちが傷つき苦しみ、涙を流しました。現代を生きる人にとって、忘れることができない年になるでしょう。まさに悲劇の年です。

本書を執筆している現在もその混乱の最中にあり、悲劇は今もなおリアルタイムで続いています。

しかし、この悲劇が教えてくれたことが一つありました。

２０２０年11月に前著『儲かるＳＤＧｓ　危機を乗り越えるための経営戦略』（クロスメディア・パブリッシング）を刊行した後、その書籍の一部が引用された記事が、インターネットのとあるニュースサイトで取り上げられました。

阪神・淡路大震災で弁当を５０００円で売っていた店が潰れ、東日本大震災で「このままでは商品が悪くなるから……」とお菓子を配った「お茶の井ヶ田」さんに関するエピソードが対比して取り上げられた記事でした。

その記事は掲示された途端に多くの人たちに読まれ、そして物凄い反響を呼びました。私が見た時点では１８００を超えるコメントがついていたことを、記憶しています。

自分の本が記事になることも、自分の記事がニュースサイトに載ることもまるで初めてのことだったので、そのニュースを目にした時は本当に驚きました。また同時に、インターネットの影響力というものを改めて実感しました。

私は普段、エゴサーチなどは極力しないようにしていますが、さすがに気になってしまいます。少し迷った後、はやる気持ちを抑え、恐る恐るコメント欄を覗いてみることにしました。

「どんなコメントが入っているかな？」というワクワクと、

「厳しいコメントが多かったらどうしよう、立ち直れないかも……」という不安――。

これらが入り混じる複雑な気持ちを抱えつつ、「えいやっ」とリンクをクリックしてみると――そこは予想に反して、私の作品を賞賛するコメントでもなく、逆に悪口が書かれたコメントでもない、とても優しいコメントで溢れていました。

「東日本大地震の時に、冷蔵庫が止まってしまった近所のスーパーが、明日には悪くなるからと、お肉をくれました。寒い中、そのお肉をストーブで焼いて食べた時のあの味は、忘れることができません。それから10年経つ今も、買い物はそのスーパーでしています」

「大雪で止まった高速道路で、あの会社が食べ物を配っていたよ」

「阪神・淡路大震災の時、食べ物がなくて辛かった時に、〇〇のパン屋さんがパンを配ってくれた。ありがたかった」

そんな具合に、コメント欄では「災害時に手を差し伸べてくれた企業」の教え合いが繰り広げられていたのです。

そのコメント欄には、貢献と感謝の世界が広がっていました。

その時に私は知りました。

人は辛い時に手を差し伸べてくれた会社や団体のことを忘れない。10年経っても、20年経っても感謝は続き、災害やパンデミックをきっかけとして再拡散していくのだと。

この時のニュースは最終的に、総合アクセスランキング1位となり、ページビュー数は750万を超えました。

多くの人たちは、世の中のマイナスの部分のニュースを欲しているのではなく、社会の一隅を明るく照らす会社や人、団体の取り組みに大いに興味があり、また教え合いたいのだと実感できた瞬間でした。

「利益の量の時代から、利益の質が問われる時代が来た」
「利益の質は行った貢献で決まる」
「企業や団体が行う貢献はサポーターを生む」
「サポーターの存在が、企業にとっては利益の持続可能性を高める」

といった、この本で述べた内容が一つにまとまり、SDGsブランディングの確かさを深く実感する出来事となりました。

こうして見てみると、今の世の中も決して悪くない。

悲しい出来事や辛いこともまだまだあるけれど、よく目を凝らせば、次の時代の新しい芽が顔を出し始めています。

そしてその芽は、どうやら社会や環境を明るく照らす、そんな花を咲かせそうな雰囲気を漂わせています。


そのことに気づき、なんだかとても嬉しくなった時の気持ちを、私はこの先ずっと忘れないでしょう。


ぼくが本を出すことができたのは、一緒に仕事をしてきた皆さんのおかげ。

ぼくが仕事に集中して取り組めるのは、家族を応援してくれる皆さんのおかげ。

皆さまいつもありがとうございます。

天国からいつも応援してくれている、妻のまさみちゃんもありがとう。

皆さんからのあたたかい応援、支援、いつも感謝しております。

次の世代に、素晴らしい地球と社会を渡せるよう、ぼくもがんばります。

皆さん、いつも本当にありがとうございます。

■著者：三科公孝（みしな ひろたか）

株式会社ノウハウバンク 代表取締役。1969年山梨県生まれ。立命館大学文学部哲学科を卒業後、株式会社船井総合研究所に入社。

多数の企業のコンサルティングを行い、収益改善や組織改革の経験を積むとともに着実に成果を上げる。

2000年に同社退職後に独立し、株式会社ノウハウバンクを設立。

中小企業の集客・売上アップ・販路開拓などの企業活性化プロジェクトとともに、地域資源活用によるヒット商品開発や観光集客・PRなどの地方創生プロジェクトも手掛けるほか、研修・講演活動なども行う。

企業・官公庁・公的団体など組織形態を問わず、実践的で確実に売上・集客につなげるコンサルティング手法に定評があり、特に近年は、東京ビッグサイトや幕張メッセなどでの大規模イベントを含め、全国でSDGsに関する講演・セミナーを行っている。

SDGsブランディングの教科書
本気で社会課題解決と利益を両立させる実践法

2021年11月18日　初版

著　者：三科公孝

発行者：大越 卓

発行元：株式会社日本ビジネス出版
〒107-8418
東京都港区南青山3丁目13-18　313南青山
編集部　☎03-3478-8403

発売元：株式会社宣伝会議
販売部　☎03-6918-3320

装丁・本文・レイアウト：PUSH

印刷・製本：株式会社光邦

ISBN 978-4-88335-531-0